KB079930

어떤 나라에
살고 있습니까

어떤 나라에 살고 있습니까

2019년 8월 20일 초판 1쇄 인쇄
2019년 8월 25일 초판 1쇄 발행

지은이 백승진
펴낸이 김영애
편 집 김배경
디자인 이문정
마케팅 윤수미
펴낸곳 SniFactory(에스앤아이팩토리)

등록일 2013년 6월 3일
등록 제 2013-00163호
주소 서울시 강남구 삼성로 96길 6 엘지트윈텔 1차 1402호
전화 02. 517. 9385
팩스 02. 517. 9386
이메일 dahal@dahal.co.kr
홈페이지 http://www.snifactory.com

ISBN 979-11-89706-79-1 (03300)

가격 15,000원

다할미디어는 SniFactory(에스앤아이팩토리)의 출판브랜드입니다.

본문에 수록된 사진 이미지는 위키미디어, 셔터스톡, 픽사베이, 플리커에서 제공받은 것입니다.

어떤 나라에 살고 있습니까

백승진 지음

다할미디어

프롤로그

지금 대한민국, 잘 살고 있습니까

6년 전, 첫 책 『아 유 레디? : 준비하라 내일이 네 인생의 첫날인 것처럼』(홍익출판사, 2013)을 낼 때만 해도 이 책 『어떤 나라에 살고 있습니까』를 쓸 줄은 몰랐다. 전작은 내가 2009년 유엔 국별경쟁시험(유엔 사무국 행정고시)에 합격하고 국제공무원 신분인 유엔 사무관으로 임관되기까지의 경험과 그때 얻은 교훈을 소개한 책이다. 진로를 고민하는 동시대 대한민국 젊은이들에게 한국을 벗어나 국제 무대로 진출하는 노하우와 성공 법칙을 알려주기 위해 쓴 책이었다.

중남미와 아프리카를 거쳐 지금은 유엔 서아시아대륙본부에서 근무하기까지 '유엔맨'으로 지내오는 동안, 개인의 성공과 자기계발에서 눈을 돌려 더 넓은 세상을 바라보게 되었다. 국제사회에서 활동하며 성찰한 '국가란 무엇이며 어떤 역할을 해야 하는가', '우리나라는 과연 어떤 나라인가'라는 질문에 대한 답을 스스로 찾아보고 싶었기 때문이다.

특히 4차 산업혁명을 맞아 각 분야에서 혁신을 추구하며 급변하는 이 시대 모든 국가들의 지상 과제인 '지속가능발전'에 대해 생각해보게 됐다. 국외에서 '외부자'로 살아가면서 습득한 보다 객관적이고 거시적인 관점으로 한국 사회를 바라봐야겠다는 책임감이 들었다고 할까. 나그네의 시선으로 내부를 들여다보면 좀 더 냉철한 비평이 가능할 테고, 한국 독자들에게도 그런 관점이 신선하게 비칠 것이라 감히 기대하면서.

운 좋게도 이 같은 마음으로 집필한 시평時評을 『동아일보』 『한국일보』 『한겨레신문』 『경향신문』 『국민일보』 『매일경제신문』 『한국경제신문』 등 주요 언론에 실을 수 있었다. '정치의 대리전은 신문이 하고 신문의 대리전은 칼럼이' 한다던가. 진보나 보수, 좌우로 치우치지 않고 폭넓고 균형 잡힌 관점으로 대중과 만날 수 있다면 더 없이 좋겠다는 바람이었다. 이 책은 2013년부터 2019년 8월 현재까지 언론에 소개된 칼럼 46편을 엮은 것이다.

전 세계적인 흐름이 그렇지만, 지금 우리나라도 신자유주의 세계화의 그늘 아래 신음하고 있다. '한강의 기적'으로 대변되는 눈부신 경제발전의 뒤안길에서부터 싹튼 경제 불평등과 부조리, 양극화 현상 등 사회 갈등이 갈수록 극심해지고 있는 것이다. 대한민국은 이를 극복하고 다시 도약할 수 있을까. 지금의 고통을 전화위복 삼아 세계 강국으로 자리매김할 방안은 없을까.

이 책은 신자유주의 세계화의 소용돌이에 휘말린 한국 사회의 면면을 살펴보고 그 해법과 대안을 찾아보려는 시도의 일환이다. 정치, 사회, 경제 각계의 모순을 짚고 직언했으며 때로는 쓴소리도 마다하지 않았다. 복잡한 동북아시아 정세를 넘어서서 주도적이고 실리적으로 한반도 평화를 정착시키고 나아가 세계를 선도하는 과학기술 혁신 강국으로 거듭날 수 있는 준비 자세에 대해서도 도움말을 보탰다. 물론 이 바탕에 애정이 있었음을 알아주기 바란다. 마지막으로 이 책에 담긴 나의 모든 주장과

의견은 사견일 뿐이며, 내가 몸담고 있는 유엔의 공식 견해와는 무관하다는 점을 밝혀둔다.

그럼 이제부터 초강대국들 사이에서 신냉전을 재촉하는 요인을 억제하고 평화로운 새 시대를 갈망하는 '미래형 국가'와 공정하고 평등한 사회를 고민하는 '정의로운 지도자', 그리고 다가오는 4차 산업혁명 시대를 주도할 수 있는 사회변혁적 공동체의 '집단지성'이라는 대한민국의 미래상을 꿈꾸며 그동안 미력하나마 한 글자 한 글자 써내려온 나의 고민을 독자 여러분과 공유하고자 한다.

2019년 8월
레바논 베이루트에서

백승진

차 례

3부 시장경제의 새로운 길, 지속가능발전

4부 국제사회 리더로 발돋움하려면

5부 기초과학 강국으로 가는 길

6부 기술혁신은 무엇으로 하나

7부 촛불 정부의 성공을 바라며

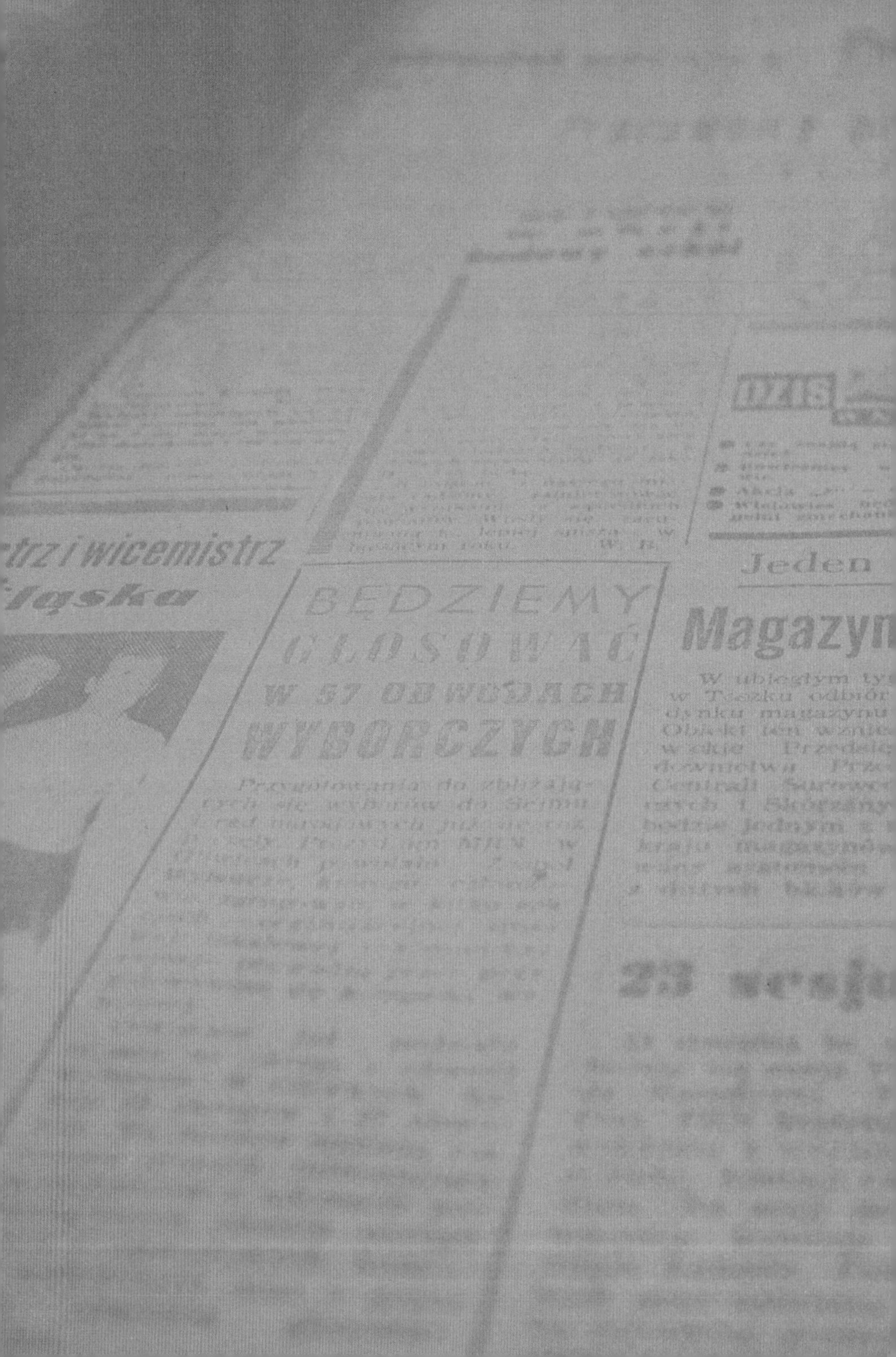
wicemistrz
BĘDZIEMY
GŁOSOWAĆ
W 57 OBWODACH
WYBORCZYCH
Jeden

1부

불평등의 한국 사회를 진단하다

1부

불평등의 한국 사회를 진단하다

2019년 5월 말, 유럽에서 한국으로 날아든 낭보 하나. 봉준호 감독의 영화 〈기생충〉이 프랑스 칸국제영화제에서 황금종려상을 수상했다는 소식이었다. 이 영화는 젊고 부유한 기업가 가족과 반지하방에 사는 가난한 가족을 극명하게 대비시키며 한국 사회의 경제적 불평등, 빈부 격차를 다룬 수작이다. 세계에서 유례를 찾아볼 수 없는 '반지하방'으로 대변되는 특수한 한국적 상황을 그렸는데도, 우리나라를 넘어 세계인들의 공감을 얻은 것이 유효했다. 그만큼 경제적 불평등과 양극화 문제는 국경을 초월하는 현대 자본주의 사회의 고질적 병폐인 것.

우리나라는 2018년 1인당 국민소득 3만 달러를 돌파한 것은 물론, 세계 경제대국 10위 안에 들 정도로 고도의 경제 발전과 사회 안정을 이뤘다. 하지만 이 달콤한 성장의 열매가 국민들 모두에게 골고루 돌아가는 것은 아니다. 오히려 소득, 주거, 일자리, 교육, 문화, 보건 등 거의 모든 분야에서 양극화가 날이 갈수록 심해지고 있다. 우리나라의 소득 양극화 수준은 경제협력개발기구OECD 36개 회원국 중 최하위권인 30위이다.

문제는 이 같은 양극화가 '격차사회'를 만든다는 데 있다. 중산층이 무너지고 빈부격차가 심해지면서 부와 빈곤이 대물림되며, 이것은 '기회의 평등'을 빼앗고 계층 이동 사다리마저 걷어찬다. 이런 무자비한 현실 속에서 누구보다 좌절하는 것은 바로 청년 세대이다. 연애, 결혼, 출산 3가지를 포기한다는 '3포세대'에서 'N포세대'에 이르기까지, 미래를 주도해야 할 청년층의 실망과 열패감은 여러 가지 사회병리 현상으로 이어지며 결국 국가 경쟁력에 커다란 손실을 입힌다.

'1부 불평등의 한국 사회를 진단하다'에서는 불평등, 양극화, 임금격차, 최저임금 인상이 미치는 영향 등 한국 경제를 둘러싼 쟁점들을 살펴본다. 그리고 이 같은 불평등 문제를 극복하기 위한 분배구조 개선에 대해 생각해본다.

프리미어리그로 본 불평등의 사회학

영국 프리미어리그는 축구 선수들에게 꿈의 무대 그 자체이다. 우리 역시 천문학적인 연봉에 전용기를 타며 언론의 스포트라이트를 독차지하는 이들의 삶을 한 번쯤 꿈꿔봤을 것이다. 미국 경제지 『포브스』는 박지성을 통해 우리에게 친숙한 맨체스터 유나이티드 구단의 가치가 3억 파운드(약 4천400억 원)에 다다를 것으로 봤다. 또한 이 구단의 슈퍼스타인 알렉시스 산체스의 주급은 35만 파운드(약 5억 원)이며 이는 연간 2천400만 파운드(약 350억 원)로 환산된다.

영국의 축구 무대는 대략 140개의 리그와 7천여 개의 구단으로 구성된다. 산체스와 같은 스타는 한 시즌 당 1천만 파운드 이상을 받지만 하위 그룹의 선수들은 1만 파운드도 채 안 되는 연봉을 받는 등, 상위 리그의 평균 연봉은 하위 리그의 2천400배를 넘을 것으로 예상된다. 이는 비단 축구 리그에 한정된 이야기가 아니다. 스포츠 전략 및 경영 분석 기구인 하버드 스포츠 애널리시스 컬렉티브Harvard Sports Analysis Collective는 주요 스포츠 리그의 **지니계수**[1]가 0.5를 넘는 것으로 분석했다. 일반적으로 지니계수가 0.4를 넘으면 정치사회적 불확실성이 높아지는 경고 신호로 해석하는 것에 비춰볼 때 선수들의 임금이 얼마나 불평등한지 알 수 있다.

아이러니한 점은 이런 스포츠계의 큰 임금 격차를 두고 불공평하다고 느끼는 사람이 많지 않다는 것이다. 이 격차는 스포츠 시장의 수요와 공급 메커니즘을 통해 자연스럽게 결정된다고 믿기 때문에, 이 믿음은 제도 설계자로 하여금 팬들에게 더 큰 즐거움을 선사하기 위해 시장을 키우는 유인책으로 작용한다. 우리 역시 선수들의 소득 격차에 암묵적으로 동의하며 더 흥미진진한 경기 관람을 위해 주머니를 연다. 최근 문제가 된 국내 선수들의 병역 혜택 역시 위 논리에서 시작했다고 볼 수 있다.

그렇다면 도대체 왜 우리 사회의 소득 격차는 불공정한 느낌이 드는 것일까. 나는 지니계수가 말해주지 않는 불평등의 관점에 주목한다. 즉 스포츠의 '공정' 관점을 우리 사회의 부의 격차 문제에 투영시켜 보면, 불평등은 지니계수의 숫자가 아닌 우리

---

1. 이탈리아 통계학자 C. 지니가 제시한 소득분배의 불평등 정도를 나타내는 수치이다. 수치가 높을수록 불평등이 심한 것으로 나타난다.

영국 프리미어리그 경기장

의 인식 차이일지도 모른다는 생각이 든다.

여전히 스포츠계에는 파벌 논란이 있지만 그럼에도 '개천에서 용 난다'는 말이 통한다. 일반적으로 사회적 계층 이동성 정도에 따라 공정 사회와 불공정 사회를 구분하는데, 지난 수년간 우리 사회의 사회계층 이동성은 현저히 감소했다. 이는 공정 사회를 만드는 게 오늘날 시대정신으로 부상하는 이유이기도 하다.

'부자는 망해도 삼대는 간다'는 말은 스포츠에선 통하지 않는다. 예컨대 21세기 최고의 선수로 평가되는 리오넬 메시의 축구 실력을 그의 아들에게 물려주는 건 불가능하다. 다시 말해 스포츠 선수들의 출발점은 대체로 같다. 사회적 불평등 문제를 해결하기 위해서는 **자본소득**[2] 비율을 감소시키는 것이 핵심이라고 말한 『21세기 자본』의 저자 토마 피케티를 떠올릴 필요가 있는 대목이다.

마지막으로 스포츠는 남녀 리그를 구분하지만 사회는 성별을 구분할 수가 없다. 만약 남녀가 동일한 축구 리그에서 경쟁한다면 남자 선수의 신체조건이 우위에 있는 탓에 상위 리그는 남성이 독차지할 공산이 크다. 바꿔 말하면 우리 사회에 존재하는 성차별 문제가 바로 사회 불평등의 핵심에 있다는 것이다. 유엔은 한국을 세계 189개국 중 열 번째로 성 평등한 나라로 평가했지만, 최근 우리 사회의 가장 큰 화두가 '미투 운동'이라는 점을 생각해 보라.

개천에서 용 날 수 있는 사회, 모든 사람이 동일선상에서 출발할 수 있는 사회 그리고 여성을 비롯한 사회적 약자를 더 세심히 살펴 '비례적 평등'이 실현된 사회가 바로 우리가 지향해야 할 사회라면, 스포츠계가 우리에게 환기시키는 공정의 법칙을 되새겨 볼 일이다.

- 한겨레 2018. 10. 25.

---

2. 이자, 지대 등 재산의 소유자가 그 재산을 이용하여 얻는 이익을 말한다.

의사의 고소득과 평등 사회의 조건

지난해 세 살짜리 아들이 7시간에 걸쳐 전신마취 수술을 받았다. 아직도 수술실 앞을 지키면서 오만가지 상상을 하며 불안에 떨던 기억이 생생하다. 당시 말끔한 정장 차림의 젊은 남성이 보호자들도 못 들어가는 수술실로 이어지는 자동문을 지나가는 소리가 들렸다. 그들이 의사일 것이라는 짐작이 틀렸음을 깨닫는 데는 오랜 시간이 걸리지 않았다. 서류 가방에서 책자 같은 것을 꺼내며 휴대전화에 대고 "선생님, 저 왔습니다"라고 속삭이는 남성은 분명 영업사원의 모습이었다.

당시에는 별 신경을 쓰지 않았다. 그런데 얼마 전 대리 수술에 대한 탐사보도 프로그램을 보았다. 어깨 수술을 받은 한 40대 버스기사가 사망했는데, 경악할 일은 이 수술을 집도한 사람이 의료기기 업체 영업사원이었다는 점이다. 물론 이번 사건이 개별 불법행위인지, 구조적 문제인지 단정하기 어렵지만 어느 쪽이든 사회 정의에 반하는 일임에는 틀림없다.

의사가 되려면 어릴 적부터 '천재' 소리를 듣고 자라는 것은 물론이요, 의대에 진학한 후에도 10년이 넘는 기간 동안 전문 훈련을 받아야 한다. 국민의 건강과 생명을 다루는 고귀한 일이기에, 의사들의 고소득에 대해서는 문제를 제기하지 않는다. 가끔 드라마에서 직업의식이 투철하고 정의로운 의료인이 등장하면 뜨거운 박수를 보내곤 하는데, 석해균 선장에 이어 북한 귀순 병사를 구해낸 이국종 교수는 그 어떤 드라마보다 극적인 인물로 찬사를 받고 있다. 그런 '이국종 신드롬'은 의사에 대한 우리 사회의 전반적인 시각을 반영한다. 또한 최근 윤한덕 국립중앙의료원 중앙응급의료센터장의 사인이 과로사로 추정되면서 국민들의 심금을 울리고 있다.

20세기 가장 영향력 있는 철학자로 꼽히는 **존 롤스**[1]의 저서 『정의론』에도 위의 논점이 담겨 있다. 롤스는 정의로운 사회를 '평등의 원칙'과 '차등의 원칙'이 충족되는 사회로 보았는데, 전자는 누구에게나 평등하게 주어진 광범위한 체계의 권리와 자유—예컨대 민주적 권리와 평화적인 집회의 자유 등—가 보장되는 것으로 정의했다. 문제는 후자이다. 롤스는 경제사회적 불평등은 소외된 계층에 이득이 된다면 정당화될 수 있다고 보았다.

1. 계약론을 현대적으로 해석해 사회 정의에 대한 자유주의적 입장을 제시한 정치철학자.

의사의 사회적 역할을 감안한다면, 즉 의료 서비스가 가난한 사람들에게 적절히 제공된다면 우리 사회가 일정 부분 경제적 불평등을 용인해야 한다는 말이다. 다만 사회마다 불평등 정도를 허용하는 임계점은 상이하다는 조건을 달았다.

롤스의 주장에 비춰볼 때 경제적 불평등 정도가 심해서 임계점을 넘어서면 가난의 대물림으로 이어져 '자식의 성적은 부모의 재력에 달렸다'는 '웃픈' 현실을 받아들일 수밖에 없다. 반면 임계점 아래로 유지된다면 사회가 받아들일 수 있는 불평등은 가난한 사람들로 하여금 부자가 되기 위한 경제활동의 유인책으로 작용해 궁극적으로 불평등이 경제성장을 촉발시킨다.

이런 대리 수술 사건에는 우리 사회가 귀담아들어야 할 함의가 담겨있다. 만약 이번 사건이 무차별적으로 재생산돼 의료계 전체의 문제로 확대될 경우 의사라는 고귀한 직업은 젊은 세대에게 점차 외면받을 것이다. 의료계는 우리 사회가 자신들의 높은 소득을 합리적으로 허용하고 있음을 간과하지 말고, 이에 성실히 보답하려는 노력을 게을리하지 말아야 할 것이다. 그리고 국가는 의료계가 선을 넘지 않도록 여러 관련 단체 간 갈등을 조정함으로써 차등의 원칙이 실현되는 사회를 만들어주기 바란다.

- 동아일보 2018. 10. 25.

어느 소상공인의 창업 분투기

'저녁이 있는 삶'이란 법정 근로 시간 후 가족과 저녁식사를 함께 하고 종종 공원을 거닐며 하루 일과에 대해 담소를 나눌 수 있는 삶을 말한다. 이를 통해 부모의 내리사랑을 느낀 아이는 해맑은 미소로 부모의 스트레스를 일시에 날려버리며 내일을 살아갈 수 있는 에너지로 보답한다.

하지만 이 아름다운 슬로건이 모두에게 이로운 건 아니다. 예컨대 전체 근로자의 25퍼센트에 육박하는 자영업자, 그중에서도 외식업에 종사하는, 우리 주변에서 흔히 볼 수 있는 60대 가장을 떠올려보면 어떨까.

그가 운영하는 외식업은 매출이 주로 저녁 시간대에 일어나기 때문에 저녁이 있는 삶을 추구하는 사회적 분위기가 달갑지만은 않다. 그도 과거에는 가족과 함께 하는 저녁을 꿈꿔보기도 했지만 당면한 현실은 녹록지 않다. 가족의 생계를 위해 주로 저녁 시간에 돈을 벌어야 하니, 과거와 현재 그리고 이상과 현실의 괴리를 좁히기란 쉽지 않기 때문이다.

사실 그도 젊었을 때 직장생활을 하며 이른바 '월화수목금금금'의 삶을 당연시 여기던 슈퍼맨이었다. 고된 근무 후에도 업무의 연장으로 원치 않는 회식까지 모두 마친 밤 12시경 귀가할 때면 깨어서 그를 반기는 가족이 없었다. 가족들이 일어나기도 전에 집을 나서는 날 또한 빈번했으니, 밤샘 근무 후 찜질방이나 사우나에서 바로 출근하는 동료들을 볼 때야 비로소 '나 혼자만 이렇게 살고 있는 게 아니구나'를 깨닫게 된다. 그나마 다니던 회사가 남부럽지 않은 기업이었지만, 그는 상사에게 괄목할 만한 실적을 보여주기 위해 수많은 하도급 업체들의 고통을 외면하기 일쑤였다. 하지만 자본주의 시장의 경제 논리를 떠올리면 죄책감이 슬그머니 자취를 감추곤 했다.

어린 두 아이는 어느새 훌쩍 자라 성인이 되었고, 큰아이는 곧 결혼을 하겠다며 아파트 전세시장을 기웃거리고 있다. 만만치 않은 사교육비와 대학 등록금에 이어 혼수비용 장만까지, 가장이란 이름 아래 모든 걸 책임져야 하는 한국 사회의 풍토를 원망하기도 했지만 가족들 앞에서는 한 번도 내색하지 않았다. 그에게 남은 건 통장 3개뿐. 정기예금과 적금, 그리고 절반도 채 남지 않은 퇴직금 통장이었다. 그리고 얼마 전 대출금 상환을 마친, 그의 직장생활 30년 인생이 고스란히 담긴 24평 아파트

한 채만이 위안이 될 뿐이다.

국민연금만으로는 노후 생활을 감당하기 역부족이라고 판단한 후에는 상대적으로 창업이 수월한 프랜차이즈 사업에 관심이 생겼다. 상사 눈치를 볼 일도 없을 테고, 본사와 가맹점이 '윈윈하는 사업'이라는 프랜차이즈 담당자의 설명도 귀에 쏙쏙 들어온다. 불황기에 괜히 노후 자금만 날리는 것 아니냐고 만류하는 가족과 지인들의 걱정은 그저 잔소리처럼 들릴 뿐이었다.

그는 프랜차이즈 창업으로 제2의 인생을 시작해보기로 결정했다. 창업 초기에는 날마다 찍히는 신용카드 매출전표와 현금영수증을 몇 번이고 확인하며 편안한 노후를 꿈꿨다. 하지만 이런 달콤한 기대는 그리 오래 가지 않았다. 아들뻘 되는 본사 직원에게 지적을 받을 때면 자신의 무능을 탓하기도 했고, 한편으로는 그가 하도급 업체 직원들에게 저지른 '갑질'의 대가를 지금 되돌려 받는 게 아닐까 하는 자괴감이 들기도 했다.

회사원들의 회식이 줄자 매출은 1년 새 반 토막이 났고, 식당 문을 닫은 새벽 2시가 돼서야 전과 확연히 다른 매출전표를 확인하며 깊은 한숨을 내쉬는 날이 늘었다. 결정적인 한 방은 최저임금을 인상한다는 정부의 방침이었다. 아르바이트생이 있어 그나마 쪽잠이라도 잘 수 있었는데, 이젠 아르바이트생을 두는 것도 부담이 될 것 같아 고민이다. 이대로 가다가는 그가 집에 가져가는 돈보다 아르바이트생에게 줄 월급이 더 많을 지경이니 한숨이 깊어진다. 그도 아르바이트생의 딱한 처지를 잘 알고 있지만 나부터 살아야 한다는 절박함에 이도 저도 못할 상황이다. 그에게는 이런 상황이 모두 편향된 **포퓰리즘**[1] 정책의 결과로 비칠 뿐이다.

가게에서 이따금 9시 뉴스를 볼 때면 우리나라에 미용실이 12만 개가 넘는단다. 서울 어느 지역에는 한 블록 당 한두 개의 미용실이 들어서 있을 정도라고. 편의점과 치킨집은 이미 상권이 품을 수 있는 한계를 넘어 업주들의 경쟁이 치열하다. 그럼에도 프랜차이즈 본사는 무차별적으로 지점을 늘려가고 있으며 이런 출혈 경쟁의 피해를 고스란히 점주에게 떠넘기는 계약을 강요하고 있다고 지적하는 뉴스 앵커의 멘트가 가슴을 파고든다. 저런 말도 안 되는 계약 조항이 있었다니, 그저 남의 일로만 생각하기에는 뭔가 꺼림칙하다. 지금 와서 생각해보니, 그도 계약서를 꼼꼼히 읽지 않았을 뿐 아니라 사실 읽었더라도 난해한 계약 용어를 완전히 이해하지는 못했을 것이다. 자신의 경우도 사전에서 말하는 **확증 편향**Confirmation bias[2]에 치우쳐 프랜차

---

1. 본래의 목적을 외면하고 일반 대중의 인기에만 영합하여 목적을 달성하려는 정치 행태를 가리킨다.
2. 자신의 신념과 일치하는 정보는 받아들이고 일치하지 않는 정보는 무시하는 경향을 말한다.

이즈 창업을 잘못 결정한 게 아닌가 생각되는 대목이다.

한편으론 정부가 '공정경제'라는 기치 아래 프랜차이즈 본사와 맺은 계약을 정상적으로 바꿔준다고 한다. 반가운 소식이 아닐 수 없다. 하지만 과거 하도급 업체 직원들 얼굴이 떠올라 마음 한편에서 양심의 가책이 느껴지는 건 어쩔 수 없다.

어제는 오래전 칠레로 이민 가 한인 식당을 운영하는 과거 회사 동료에게 몇 년 만에 전화를 걸었다. 국제전화 요금이 부담스럽기도 하고 얼굴 보고 이야기하면 좋겠다 싶어서, 아들에게 무료로 영상 전화 거는 방법을 물어봤다. "아버지는 스마트폰 애플리케이션도 모르시냐"며 짜증스러운 반응이었지만 어쩌겠는가, 참아야지.

영상 전화로 동료에게 한 시간 정도 넋두리를 쏟아냈을까. 이 친구 역시 국외 정착이 녹록지 않기는 마찬가지나, 가족 이야기를 할 땐 그와는 다른 인식의 차이가 느껴졌다. 하루하루 팍팍하게 사는 건 별반 다르지 않은데, 그 친구는 왠지 행복해 보였기 때문이다. 어제는 막내딸 대학교 졸업식이 있어 장사를 하루 쉬었단다. 다음 달에는 장남 결혼이 있으니 비행기 타고 놀러 오라며 허풍을 떨기까지 한다. 2층에 남는 방이 있으니 숙식은 걱정하지 말라면서.

사실 그는 아이들 학교 졸업식에 한 번도 참석해 본 적이 없는 데다 이 때문에 장사를 하루 쉰다는 게 다른 세상 이야기로만 들린다. 그리고 2층집이라니. 신혼 때 그도 아내에게 2층집을 사주마 약속했는데, 아내에게 괜스레 미안한 마음도 든다.

– 매일경제 2018. 12. 27.

한국 사회, 흑묘백묘론은 끝났다

앞선 가장의 삶을 이어가보자. 억지로 끼워 맞춘 이야기라고 치부하기에는 실제로 이런 삶을 살고 계신 분들이 너무도 많다. 대기업 퇴직 후 프랜차이즈 도넛 매장을 운영하는 분, 유명 외국계 회사에서 은퇴한 뒤 택시운전사로 일하는 분, 유통회사 지점장까지 지내고 대기업 경비 업무를 하는 분처럼, 우리 주변에서 흔히 볼 수 있는 어르신들의 삶이다. 이들 중 일부는 새로운 삶의 재미를 발견하며 제2의 인생을 펼치고 있지만, 그렇지 못한 분이 더 많다는 게 우리 사회의 불편한 진실이다.

만약 이 두 가장의 삶이 그리 과장된 시나리오가 아니라고 인정한다면, 당신은 어떤 삶을 택하겠는가. 대기업에 입사해 운좋게 58세까지 다니며 자식들 모두 4년제 대학에 보냈고 은퇴 후 프랜차이즈 점주가 된 첫 번째 가장. 그에게는 가족과 함께 한 저녁의 추억이 별로 없다. 반면 같은 회사를 다니다가 칠레로 이민을 떠나 한인 식당을 운영하는 두 번째 가장에게는 생업

보다 가족과 보내는 시간이 더 중요해 보인다.

우리 대한민국은 아주 짧은 기간에 민주주의와 자유시장경제, 즉 성장을 위한 양대 축 모두를 발전시킨 전대미문의 나라가 틀림없다. 덩샤오핑이 주창한 **흑묘백묘론**黑猫白猫論[1]이 우리나라에서도 통했던 것일까. 우리는 전쟁 직후 세계 최극빈국에서 지금은 세계 10대 경제대국이자 7대 수출대국으로 우뚝 섰다. 국제기구에서 우리를 종종 선진국으로 분류하기도 하지만 사실 선진사회가 되었다고 말하기에는 무언가 부족한 느낌이 드는 것도 사실이다. 그럼에도 불구하고 전 세계 개발도상국 그룹에서는 단연 선두임이 분명하다.

청년실업률 수치 논란, 가계 동향 통계의 **표본 적정성 논란**[2], **김앤장 불협화음 논란**[3], 최저임금 인상 속도 조절 논쟁 등 지난 수개월간 치열하게 벌어졌던, 현 정부의 소득 주도 성장 정책의 실효성과 관련한 수많은 토론을 지켜보며, 나는 '이런 논쟁들이 선진사회로 가는 체질 개선 과정이 아닐까'라는 느낌을 지울 수

---

1. '검은 고양이든 흰 고양이든 쥐만 잘 잡으면 된다'는 뜻으로, 개혁개방 정책을 취했던 덩샤오핑이 한 말이다. 공산주의든 자본주의든 인민을 잘 살게 하면 된다는 1980년대 중국식 시장경제 정책을 대변한다.
2. 2018년 가계 동향 조사 시, 소득 분배 지표가 급격히 악화된 것으로 나타나자 표본 설계가 적정하지 않지 않았다는 논란이 일고, 얼마 후 황수경 통계청장이 경질된 바 있다.
3. 각각 혁신성장과 소득 주도 성장을 상징하는 김동연 전 경제부총리와 장하성 전 청와대 정책실장은 정책을 놓고 불협화음을 빚다 결국 동반 퇴진했다.

없었다. 즉 두 가장의 삶을 비교하며 보여주려 한 '가족을 위한 삶'과 '가족과 함께 하는 삶'의 간극이 바로 우리 부모 세대가 오랜 시간 맞닥뜨려야 했던 문제의 본질인 것이다.

1970년대에는 '아이를 많이 낳으면 거지꼴을 면치 못한다'며 정부가 산아 제한 정책을 펼칠 정도로 인구 증가세가 가팔랐다. 동시에 의학의 눈부신 발전으로 인구의 자연 증가가 지속되었고, 얼마 전에는 총 인구가 5천만 명을 넘기 이르렀다. 이 말은 곧 경제활동 인구의 꾸준한 증가가 경제 성장에 큰 버팀목이 되었다는 뜻이다. 그리고 눈부신 경제 발전의 주역은 '가족을 위해' 더 나아가 '국가를 위해' 헌신했던 투사들이었음을 누구도 부인할 수 없을 것이다.

하지만 '경제활동 인구 절벽이 현실화되고 있다', '인구 고령화가 심각한 상황이다', '사회보험 보장 수준이 급속도로 확대되고 있다', '국민연금 방치는 자식 세대에 부담을 전가시키는 것이다' 등 정부와 지자체, 시민단체, 전문가들의 일관된 문제 제기는 이 투사들을 '퇴물'로만 간주하는 것 같아 영 듣기 불편하다. 현 정부는 '치매 국가책임제'와 같이 노인 돌봄을 국가가 책임지겠다고 선언했지만 결국 조금씩 후퇴를 거듭하며 이젠 용두사미 형국이 된 것만 같아 매우 안타깝다.

결과야 어찌 됐건 분명한 건, 우리 부모 세대의 헌신 덕에

'한강의 기적'이라 불리는 세계적 위상을 얻었다는 점이다. 하지만 이들의 노후와 복지에 대한 책임을 뒤로한 채, 출산율 저하로 인한 인구 감소 문제에만 총력을 다하고 있는 것처럼 보인다. 지난 몇 년간 중앙 정부와 지자체가 다양한 출산장려 정책을 펼쳤는데, 출산율이 높아질 거라고 예측하는 2019년 '황금돼지의 해' 기해년己亥年에는 좀 더 공격적인 정책을 펼칠 공산이 있다. 하지만 나는 이런 정책 기조는 결코 근원적 처방이 될 수 없다고 확신한다. 정부는 아이를 많이 낳으라고 말하기에 앞서 잘 기를 수 있는 환경을 만들어야 한다.

국가는 지금까지 흑묘백묘의 실용 정신 아래 가족을 위한 삶을 강요했으면서, 이제는 가족과 함께 하는 삶을 살라고 조언하는 모양새가 탐탁지 않지만, 어쩌겠는가. 이젠 우리 차례다. 앞으로 어떤 삶을 살 것인지 지금부터 진지하게 고민해야 할 시점이다. 웰빙을 추구하는 선진사회일수록 경제 수치가 모든 걸 대변해주지 못한다는 점을 명심하고, 부모 세대가 겪어온 오랜 삶의 딜레마를 포용적 번영의 가치를 동반한 '21세기 대한민국 시대정신'이란 마술로 풀어내야 한다. 바로 오늘, 우리의 선택이 대한민국의 미래를 결정할 것이다.

- 매일경제 2019. 1. 3.

지니계수로 보는 소득불평등

한 사회 내 소득분배 정도를 보여주는 지니계수는 여야를 막론하고 정치활동에 유용한 도구다. 지니계수가 0에 가까울수록 소득분배 정도가 평등하고, 반대로 1에 근접하면 분배 정도가 불평등하다는 걸 의미한다. 지자체 간 소득 격차를 보여주는 지니계수는 지역구 국회의원들의 선거활동에 빈번히 활용되곤 하는데, 대한민국 지니계수가 0.36 수준인 데 비해 기초지자체는 지니계수가 0.5에 육박한다는 조사 결과도 있다. 심지어 지난 대선 때 홍준표 자유한국당 후보는 소득분배가 가장 나빴던 때는 노무현 정부 때라며 문재인 후보를 공격했고, 언론은 팩트 체크를 통해 지니계수는 이명박 정부 시절에 가장 높았다며 홍 후보의 주장을 거짓으로 결론 내기도 했다.

하지만 과연 그럴까. 지니계수를 계산하는 기준 즉 전체 가구냐 도시 2인 가구냐에 따라 결과가 상이하고, 세후 소득인지 세전 소득인지 어떤 기준을 적용하느냐에 따라 지표는 달라

도시 빈민촌

질 수 있다. 즉 '아는 자'와 '모르는 자' 사이에 정보의 비대칭성이 존재하는 한, 다시 말해 우리가 이러한 '지니계수 놀음'을 명확하게 이해하지 못하는 한 지니계수 왜곡·남용은 계속될 것이다. 만에 하나, 기존 지니계수의 토대인 가계 동향 조사의 틀과 표본조사 구성 방식이 달라지기라도 한다면 지니계수에 근거한 오랜 정쟁은 더 이상 의미가 없어지게 된다.

이는 비단 한국만의 문제가 아니다. 2008년 글로벌 금융위기로 촉발된 '월가를 점령하라'는 시위가 대표적인 예다. 이 시위는 미국 내부적으로 심화된 사회·경제적 양극화가 그 본질인데, 시위대는 부와 명예와 권력을 갖고 있는 월가의 소수 엘리

트층을 배불리기 위해 대다수 시민들이 희생되고 있다며 절규했다. 여기서 문제는 불평등과 양극화에 대한 미국 시민들의 강력한 저항을 촉발시킨 원인이 '1대 99의 양극화 사회', '미국 지니계수 0.48(가처분소득 지니계수 0.39)' 등 불평등에 관한 정치 슬로건이었다는 주장이 제기됐다는 점이다. 오늘날 소득불평등에 관한 연구가 순수 경제학이 아닌 정치경제학의 영역으로 분류되는 이유이기도 하다.

정치 슬로건이든 아니든 간에 이 운동으로 인해 여러 선진국에서 포괄적 경제성장을 위해 분배의 정의를 재정립하려는 노력이 이어졌고, '기회는 평등하고 과정은 공정하며 결과는 정의로운 사회'라는 현 정부의 통치철학에서도 엿볼 수 있듯이 우리 대한민국도 이를 시대정신으로 여기고 있다.

나는 지니계수가 경제학, 나아가 우리 사회의 구조적 문제를 발견하고 분석하는 사회과학을 통틀어 큰 의미가 있다는 점을 인정하면서도, 숫자 자체에 정치적으로 의미를 부여하는 것에는 거부감이 있다. 예컨대 지니계수 0.354에서 0.349로 단지 0.005 포인트 떨어진 것이 어떻단 말인가. 우리 사회의 소득불균형이 0.005 해소되었다는 것이 우리 삶에 무슨 의미가 있을까. 그리고 소득 재분배 뒤 지니계수를 살펴보면 캐나다나 일본 그리고 영국보다 우리가 더 평등한 사회로 계산되는데, 이런 단순 비교가 무슨 의미가 있단 말인가. 나는 지난 한 세기 동안 세계의 불평등 담론을 주도해 온 두 명의 노벨 경제학상 수상자를 통해 이 문제의 본질을 찾아보고자 한다.

1971년 노벨 경제학상 수상자인 **사이먼 쿠즈네츠**[1]는 불평등을 국가 정책의 문제로 풀기보다는 경제 발전 단계에 따라 자연스레 변동하는 것으로 보았다. 그의 가설은 초기 발전 단계에는 농촌 노동력이 도시로 이동하면서 사회 전체의 소득 격차가 커지지만 일정 수준을 넘기면 소득불평등이 개선된다는 것이다. 가로축을 국민소득으로, 세로축을 소득불평등으로 놓고 변화 추이를 그려보면 위아래가 뒤집힌 유U자형, 즉 종 모양 곡선이 되는데 이를 **쿠즈네츠 곡선**Kuznets curve[2]이라고 부른다. 이 가설로 시작해 불평등과 경제성장의 관계에 대한 학설은 두 학파로 나뉘며 불평등 담론의 황금시대가 펼쳐졌다.

먼저 우리 사회 주류 지식인들은 경제성장에 대한 불평등의 긍정적 역할에 대해 고민했고 이를 경제성장의 자극제 혹은 촉진제로 보는 가설이 대중의 주목을 받기 시작했다. 이들은 소득

1. 국민소득 이론과 국민소득 통계의 권위자. 경제학에서의 수량적, 실증적 분석에 공헌해 1971년 노벨 경제학상을 수상한 미국의 경제학자이다.
2. 경제성장이 이뤄짐에 따라 소득불평등도가 어떻게 변화하는지를 보여주는 곡선이다. 쿠즈네츠 곡선은 후진국에서 중진국으로 갈 때는 소득불평등도가 높아지지만 선진국으로 가면서 소득불평등도가 완화되는 것을 보여준다.

격차는 더 나은 교육을 받기 위한 자극제이고 기업의 투자를 촉진할 수 있는 동기부여의 원천이 된다고 주장했으며, 이는 궁극적으로 신규 사업(산업)을 창출해 전체적인 경제 규모가 커진다고 봤다. 이는 세계 신자유주의 담론을 주도해온 세계은행과 국제통화기금이—최근에는 미묘한 입장 변화가 감지되기도 하지만—지난 수십 년 동안 취해 온 전략적 입장이기도 하다.

한편으로는 소득불평등으로 저소득층이 충분한 교육 기회를 가질 수 없고 이것이 고착화되면 사회계층 이동성의 기회를 막아 궁극적으로 인적 자본의 형성을 방해한다고 주장하는 학파도 있다. 이들은 소득 격차가 커지면 저축과 소비의 역동성에 부정적인 영향을 미쳐 결국 경제성장에 걸림돌로 작용한다고 봤으며, 이를 여러 실증적 연구 결과로 뒷받침하기도 했다. 이러한 불평등에 대한 부정적 견해는 2008년 글로벌 금융위기로 인해 세계적으로 확산되었고, 프린스턴대 **앵거스 디턴**[3] 교수의 2015년 노벨 경제학상 수상으로 이어졌다.

디턴 교수는 『위대한 탈출』에서 경제성장을 위한 자극제 기능을 부인하지 않으면서도—그러나 불평등이 경제성장을 촉진

---

3. 소비자 행동 분석과 경제발전 및 빈곤 연구 등으로 2015년 노벨 경제학상을 수상한 영국·미국 국적 경제학자이다.

한다고 말한 적은 없다—불평등이 경제적 **지대**地代 **추구**[4]에서 비롯될 때 심각한 수준의 사회 불평등으로 이어질 가능성이 높다고 주장했다. 게다가 이런 식으로 불평등 문제가 확대되면 자원의 효율적인 배분이 왜곡되고 부패가 심화되며 부유층이 기득권을 보호하려는 일종의 편애주의가 힘을 얻게 된다고 경고했다.

이렇듯 지난 한 세기 동안 이어져온 '불평등과 경제성장의 관계'에 대한 담론은 현재 진행형이며 가까운 미래에 한 가지 결론에 도달하기는 어려워 보인다. 그럼에도 불구하고 나는 또 한 명의 세계적인 불평등 학자인 **브랑코 밀라노비치**[5] 교수의 연구에 주목한다. 그는 『왜 우리는 불평등해졌는가』에서 21세기 기술진보와 세계화의 여파로 인해 부유한 국가 내 소득불평등은 상승 추세에 있다며, 이러한 불평등의 흐름을 확장된 쿠즈네츠 곡선augmented Kuznets curve, 쿠즈네츠 물결Kuznets waves 또는

4. 공급량이 제한된 재화나 서비스를 독과점하는 방식으로 쉽게 이익을 얻으려 하는 것을 말한다. 이 경우 기업들 간 비생산적 경쟁이 야기된다.
5. 불평등 연구의 세계적 권위자인 미국의 경제학자. 그의 코끼리 곡선은 소득 수준에 따른 실질소득 증가율을 나타낸 것이다. 세계화가 활발히 진행된 1988~2011년 전 세계인을 소득 수준에 따라 100개의 분위로 나눈 이 그래프는 소득 양극화에 따른 불평등 심화가 전 세계적으로 심각하다는 것을 보여준다.

마치 코끼리가 코를 높이 들어 올리는 듯한 모양에서 명명한 코끼리 곡선elephant curve에 담아냈다.

밀라노비치 교수의 혜안을 빌림과 동시에 이미 우리가 세계 10대 경제대국에 올라섰다는 점을 감안해 볼 때, 지니계수를 통한 정책은 더 이상 유효하지 않을지도 모른다. 오히려 소득불평등 현상을 일정 부분 피할 수 없는 흐름으로 받아들이고 이러한 악화 추세에 어떻게 대응하고 충격을 완화시켜야 할지, 동시대 정치인들은 치열하게 고민하고 토론해봐야 할 것이다.

- 매일경제 2018. 12. 13.

혁신의 딜레마,
양극화를 극복하라

10년 전쯤 어느 휴대폰 회사 CEO가 대중 앞에서 직접 신제품 프레젠테이션을 했다. 이전에는 제품개발 담당자가 언론인들을 초대해 제품 출시를 알리는 게 일반적이었다. 심지어 그는 CEO로서의 격식과 위엄을 버리고 검정색 터틀넥에 청바지, 운동화를 신고 대중 앞에 섰다. 기존의 상식과 통념을 깨는 괴짜 리더십의 소유자이자 혁신의 아버지 스티브 잡스였다.

많은 전문가들은 스티브 잡스의 성공 이면에 실리콘밸리가 있다고 말한다. 창업자들의 천국 실리콘밸리는 IT 분야 유수의 엘리트들이 경쟁하는, 이른바 '세계 IT 인재 블랙홀'로 봐도 과언이 아니다. 창업자들은 혁신 스타트업을 키워 상장시키거나 매각하는 식으로 큰돈을 모아 더 나은 혁신을 위해 재투자한다. 이러한 끊임없는 연쇄창업serial entrepreneurship의 결과, 실리콘밸리는 애플, 구글, 페이스북, 트위터, 넷플릭스, 이베이, 우버 등 혁신기업, 나아가 우리 삶의 패턴을 바꿔놓고 있는 그 무언가를 보유하고 있다.

그도 그럴 것이 1천500평방 마일 남짓한 이곳에서 미국 전체의 14퍼센트에 달하는 특허 등록이 이루어지는 등 혁신의 상당 부분이 창조되고 있다. 또한 『포춘』지가 선정한 1000대 기업 중 최상위권에 속하는 39개 기업이 실리콘밸리에 있다. 심지어 미국 내 벤처캐피털 투자의 3분의 1이 이뤄지며, 이곳 근무자의 연봉은 평균 8만 6천976달러(약 1억 원)로 미국 전체 평균의 두 배에 가깝다.

수많은 국가들이 이렇듯 매력적인 실리콘밸리를 벤치마킹하고 있다. 영국의 테크시티, 프랑스의 파리-사클레 혁신클러스터, '중동의 실리콘밸리'로 불리는 이스라엘의 실리콘와디, 러시아의 스콜코보 혁신도시, 칠레의 칠리콘밸리, 인도의 방갈로르 클러스터 등 일종의 국가 간 혁신 클러스터 전쟁이 진행되고 있다.

세계 일류 IT 기술을 보유한 우리도 예외일 순 없다. 선거 때마다 한국의 실리콘밸리를 만들겠다는 공약이 있었지만, 그중 가장 현실성 높은 곳은 '판교 테크노밸리'다. 미래에셋금융이 약 1조 9천억 원의 부동산 펀드를 조성해 4차 산업혁명을 이끌 초대형 혁신 클러스터를 조성하고 있다. 최대 인터넷 포털 네이버가 여기에 약 2천억 원을 출자한 사실이 알려지면서 부동산 시장은 크게 출렁이고 있다.

나는 한국판 실리콘밸리가 가까운 미래에 탄생할 수 있다는 기대감과 함께 진심으로 응원한다. 하지만 한편으로는 '강남역까지 30분대 이동 가능', '초역세권 아파트 단지 보유' 등의 이야기를 들으며 우려를 지울 수 없다. 왜냐하면 실리콘밸리는 혁신의 아이콘임과 동시에 미국 내 소득불평등이 가장 심한 지역이기 때문이다. 창업기업의 1퍼센트만 살아남는다는 벤처 기업의 무덤이기도 해서 기술혁신의 혜택이 소수에 집중되는 경향이 있는 것이다. 「2017년 실리콘밸리 지수」 보고서에 따르면, 이 지역 근무자 간 소득 격차는 '고도기술=높은 임금'의 논리에 따라 25년간 꾸준히 심화됐고 중산층은 점차 저소득층으로 대체됐다.

판교 테크노밸리라는 거시적 정책 방향은 이미 잡혔다. 스티브 잡스의 말대로 "항상 갈망하고 우직하게 나아가Stay hungry, Stay foolish"며 혁신에 대한 간절한 바램을 실현시켜주길 바란다. 하지만 동시에 사회적 약자층을 배려한 각종 사회 안전망 지원사업, 즉 미시적 정책에 대한 고민을 소홀히 하면 안 될 것이다. 우리가 벤치마킹하려는 실리콘밸리는 오랜 기간 동안 새로운 혁신을 통해 세계를 깜짝 놀라게 한 이면에 지역 주민들이 겪어야 했던 혹독한 양극화 문제가 있었음을 기억해야 한다.

- 한국일보 2018. 12. 3.

그린벨트 해제,
두 마리 토끼 잡기

'조물주 위에 건물주'라는 말이 있다. 건물을 가지고 있으면 일을 하지 않고도 월세로 먹고 살 수 있다는 이유로 요즘 청소년들의 장래희망 1위로 건물주가 꼽히는 세태를 풍자한 말이다. 포털사이트 이용자들이 직접 등록하는 오픈사전의 용어일 뿐이지만, 부동산에 과도한 집착을 보이는 한국 사회의 민낯을 여실히 드러내는 말이기도 하다.

이렇듯 부동산은 지난 수십 년간 우리 사회의 정치·경제적 그리고 사회적 갈등의 근원으로 지목돼왔으며 이에 맞서는 행위는 종종 판도라의 상자를 여는 일로 여겨져왔다. 지난 노무현 정부가 부동산 시장과의 치열한 싸움 끝에 뼈아픈 패배를 겪었던 걸 떠올려 보면 이런 표현도 그리 과하진 않다.

그런데 현 정부가 다시 한번 부동산과의 전쟁을 선포했다. 이들의 부동산 정책 원칙은 아주 간단하다. 부동산 가격을 안정시켜 집 없는 서민의 주거불안을 조금이라도 해소해보자는 것인데, 그리 보면 '부동산 투기'와의 전쟁이 좀 더 맞는 표현인 것 같다. 어느 쪽이든 사실상 부동산과의 전쟁 제2라운드에 접어든 것임은 분명하다.

하지만 연이은 부동산 대책에도 불구하고 초창기 실거래가는 서울을 중심으로 오름세를 보였다. 물론 최근 부동산 가격의 전반적 하락에 안도의 한숨을 내쉬고 있지만, 향후 정책 효과가 지역 수준에 머물지 전국 수준으로까지 확대될지는 현재로선 예측하기 어렵다. 이런 불확실성이 팽배한 시기임에도 불구하고, 분업과 협력을 통해 국가 행정기능을 극대화시켜야 할 중앙정부와 지방정부 간에 부동산 정책 기조를 두고 미묘한 입장 차가 감지되고 있다. 모두가 힘을 합쳐도 모자란 판에 국가 발전상을 공유하고 있는 하나의 정치집단에서 말이다.

작년 그린벨트 해제를 둘러싸고 서울시와 국토교통부 간에 벌어진 이견이 대표적인 예다. 이게 보다 효과적인 정책 결과를 위한 정책 노선의 갈등이라면 그나마 다행인데, 종종 집권당 내 권력투쟁으로 비치니 '서민주거 안정'이라는 슬로건이 무색해질까 봐 걱정이다. 국민 다수를 위한 정책을 볼모로 삼아 낡은 패권주의와 계파주의로 회귀한 정권으로 전락할까봐서.

한편으로는 큰 사건이 발생하기 전에 여러 경미한 징후들이 나타나기 마련이라는 **하인리히 법칙**[1]이 부동산 문제에 적용되

도시의 그린벨트

지 않기를 바랄 뿐이다. 이번 정부 정책이 신의 한 수일지 또는 반대로 악수惡手일지, 아니면 지난 정부의 실패한 정책에 규제 강도만 더한 재현이 될지 당최 알 수 없는 이유이기도 하다. 나는 서울시와 국토부 간에 벌어지는 그린벨트 해제 논란에 대해 우리 사회의 고질병인 불평등 문제를 대입시켜 경제·사회적 관점에서 어느 정책 방향이 올바른지 살펴보려 한다.

그린벨트란 도시 주변의 녹지 보존을 위해 개발을 제한한 지역을 말한다. 국토부는 부동산 시장 안정화를 위해 그린벨트 해

---

1. 1930년대 미국 보험회사에서 산업재해 분석을 담당하던 허버트 하인리히가 대형 사고는 우연히 또는 갑작스럽게 발생하는 것이 아니라 그 이전에 반드시 경미한 사고들이 반복되는 과정 속에서 발생한다는 것을 실증적으로 밝힌 것.

제를 신중히 검토해볼 때라며 현실론적 접근법을 강조한다. 심지어 서울시가 끝까지 반대한다면 직권 해제까지도 강행할 수 있다고 엄포를 놨다. 반면 서울시는 도시의 무분별한 확장을 막는 일종의 개발 제한선이라는 그린벨트의 기본 취지를 강조하는 입장이다. 이에 환경단체들의 지지가 잇따르고 있다.

약자를 위한 정부를 표방하며 탄생한 이들 간에 벌어진 이러한 팽팽한 기싸움에는 한 가지 철학이 빠진 듯하다. 바로 환경과 사회 약자와의 관계이다. 사실 사회적 약자 혹은 소외계층이 느끼는 경제·사회적 불평등과 환경의 지속가능성 사이에는 생각보다 복잡한 그 무엇이 존재한다. 즉 환경의 질과 불평등 간의 상반된 상관관계를 주장하는 담론이 공존한다.

먼저 환경의 질과 불평등 간의 '음의 상관관계' 옹호론자는 사회적 약자들은 부자들에 비해 상대적으로 천연자원(종종 재생이 불가능한 자원)을 과도하게 사용하는 경향이 있다고 말한다. 사실 서민들은 신기술이 들어간 여러 친환경 제품을 부담 없이 구매하기가 쉽지 않다. 이를 생각해 볼 때 소득 격차가 커지면 커질수록 환경오염도 가속화될 것 같긴 하다.

또한 이 가설을 주장하는 이들은 환경오염 자체가 불평등을 악화시킬 것이라 말하기도 한다. 예컨대 중국 발 초미세먼지에 대비해 부자들은 100만원이 넘는 고가의 공기청정기를 방마다 두는 반면 생활비 마련도 빠듯한 사람들에게는 그림의 떡일 뿐이다. 다시 말해 환경오염이 빈부격차를 심화시켜 결국 '공기 불평등'으로까지 이어진다는 논리다.

반면 환경의 질이 떨어질수록 사회 불평등이 완화될 것이라는 가설을 펼치는 이들도 있다. 이들은 부유한 사람들의 환경친화적 행동 패턴에 논리의 초점을 두는데, 부자들이 가난한 사람들로부터 1만원의 소득을 가져갈 경우 반대의 상황일 때보다 사회 전체적으로 환경의 질에 대한 요구가 증가한다는 것이다. 다시 말해 소득이 높은 사람들이 낮은 사람들에 비해 환경 상품 **수요에 대한 소득탄력성**[2]이 더 높다는 말이다. 이에 더해서, 부자들이 가난한 사람들에 비해 상대적으로 평균 수명이 길 것이라는 가정 아래 부자들은 환경보전 정책 비용을 기꺼이 지불할 용의를 갖는 경향이 있다고 주장한다. 즉 소득 불평등이 커지면 커질수록 환경의 질은 좋아지기 때문에 이 둘 간에는 '양의 상관관계'가 존재한다고도 볼 수 있다.

이 두 가지 상반된 가설은 그린벨트 해제를 둘러싼 서울시와 국토부의 이견 차를 좁히려 할 때 충분히 검토해 볼 문제다. 예컨대 후자인 양의 상관관계 옹호론자들의 주장이 우리 사회에 보다 잘 들어맞는다면 그린벨트 해제를 통해 국토부가 궁극

---

2. 소비자의 소득이 변화했을 때 그것이 한 재화나 서비스의 수요량에 어떤 변화를 주는지 보여 주는 비율을 말한다.

적으로 얻고자 하는 '서민을 위한 주거 안정화'는 실현될 가능성이 높다. 하지만 음의 상관관계라면 이 정책은 모순에 빠지고 만다. 왜냐하면 불평등 문제를 완화하기 위해 환경의 질이 낮아지는 것을 감수하고 그린벨트를 해제, 서민 주거안정을 위한 주택공급 정책을 도모한다면 환경 리스크에 취약한 빈민층은 중장기적으로 더 큰 피해를 입을 수 있기 때문이다.

물론 부동산 정책부터 그린벨트 논쟁, 불평등 담론까지 모두 한 데 묶어 평가하는 것은 다소 무리가 있을지도 모르겠다. 그럼에도 약자의 대변인을 자처하며 출범한 현 정부의 정체성을 떠올려 볼 때, 그 어떠한 정책이라도 불평등을 심화시킬 가능성이 있다면 심층적이고 철저한 검증을 거쳐야 할 것이다. 부동산 차트나 일자리 현황판만으로는 전부 알 수 없는 불평등 문제에 다각적으로 접근하기 위해서 말이다.

다시 말해 불평등 관련 정책은 경제적 측면을 넘어 환경적, 정치적, 도덕적인 다변적 접근을 통해야만 그 효과가 극대화될 수 있다. 그중 하나는 분명 환경적 접근이 되어야 하지만, 환경 문제와 더불어 우리 사회에 존재하는 불평등 간의 총체적 분석이 이뤄지지 않는 한 소외계층에 심대한 영향을 미칠 수 있는 환경 취약성의 악순환에 빠질 위험이 크다.

- 매일경제 2018. 12. 20.

2부

정치,
시대를 깨워라

2부

정치, 시대를 깨워라

시대정신이란 무엇인가. 한 시대를 풍미하는 사상과 정서, 어느 사회가 나아갈 방향, 그 시대를 지배하고 특징짓는 정신 등 다양한 정의가 있지만, 한 시대를 관통하는 절대적인 정신이라는 헤겔의 정의만큼 명징한 것도 없다.

정치와 시대정신은 떼려야 뗄 수 없는 관계이다. 정치권은 우리 사회가 나아갈 바 즉 시대정신을 제시하며 정책을 세우고, 국민들도 선거를 통해 자신들이 요구하는 시대정신을 드러낸다. 따라서 지도자는 시대정신을 간파하고 이에 부응하는 리더십을 발휘해야 한다.

'2부 정치, 시대를 깨워라'에서는 이승만 대통령부터 문재인 대통령에 이르기까지 역대 대통령 12인의 취임사 19편을 통해 한국 현대 정치사에 나타난 시대정신 및 과업을 살펴보고 우리나라 정치 발달 과제를 생각해본다.

이승만 대통령이 취임사에서 광복의 기쁨과 정부 수립의 감격을 드러냈다면, 산업화 시대의 강력한 지도자이지만 독재 정권을 펼쳤던 박정희 대통령은 정부의 정통성과 역사적 맥락을 결부시키려 했다. 군사 쿠데타로 집권한 전두환 대통령 역시, 취임사에서 민주주의를 강조하는 등 정치적 웅변술에서는 실제와 다른 모습을 보였으며, 이는 노태우 대통령도 마찬가지였다.

문민정부의 시작을 알린 김영삼 대통령은 권위주의적인 통치를 종식시키고자 했으며 하나회 척결, 금융실명제 등 사회 개혁적 제도를 단행했다. 한국 현대 정시사의 산증인 김대중 대통령은 '6.25 전쟁 이후 최대 국난'으로 일컬은 IMF 외환위기에 취임, 국난 극복을 위해 국민의 힘을 모으려 했으며 사상 처음으로 대북 포용 정책을 대내외에 알렸다.

뒤를 이은 노무현 대통령은 한국의 '동북아 균형자' 역할을 천명했으며, 이명박 대통령은 실용정신이란 기치 아래 경제 발전을 꾀했다. 국민행복 시대를 갈망했으나 국정 농단으로 실패한 박근혜 대통령 이후, 위기를 바로잡으려 등판한 문재인 대통령에 이르기까지 이들이 바라본 시대의 정신은 상이할 수밖에 없었던 것으로 보인다.

이제 우리 국민의 역할은 정치권력이 균형을 잡고 민주주의를 제대로 실현시킬 수 있도록 견제 역할을 충실히 해내는 것이다.

대통령 취임사의 정치학

'민주시민으로 거듭나자'나 '민주시민의 자질을 갖추어야 한다'라는 슬로건은 우리에게 너무나도 익숙하다. 선거 때가 되면 투표 독려를 위해 이따금씩 듣게 되는 말이기 때문이다. 물론 우천雨天이 선거의 변수로 작용하느니 연휴가 있으니 사전투표제가 중요하다느니 등은 선거 당사자들에게 약간의 유·불리를 가져오기도 하지만, 그럼에도 '민주시민'과 '선거'의 역학은 정당과 언론 그리고 시민사회 등 거의 모든 집단에서 공통적으로 부르짖는 사회 운영의 중요한 요소임이 분명하다.

하지만 우리 삶에 너무도 익숙해져버린 이러한 민주시민의 개념은 반세기 전만 해도 그렇지 않았다. 오로지 학교에서 책을 통해서만 접했던 개념이었기 때문이다.

그럼 도대체 언제부터, 왜 그렇게 익숙해져버린 것일까. 그리고 왜 오늘날 우리는 '민주시민이 되자'라는 슬로건에 그리 큰 공감을 느끼지 못할까. 나는 시대정신에 그 해답이 있다고 생각한다.

다시 말해 민주시민이나 민주선거 등의 이슈는 오늘날 우리 사회가 요구하는 시대정신과는 거리가 있어 보인다. 예컨대 우리의 부끄러운 과거이기도 한 군부독재 시절, 우리 국민들은 6.10 민주항쟁을 통해 직선제 개헌을 이뤄냈다. 당시에는 민주시민이란 네 글자가 국민들의 심금을 울렸을 것이다.

물론 드루킹 댓글 조작 사건과 맞물린 김경수 경남도지사의 혐의, 사법부의 판단에 따른 김 지사의 법정구속 그리고 연이은 야당의 대선 불복 정쟁의 조짐 등을 곱씹어 본다면, 2019년 오늘에도 진정한 민주시민으로 거듭나기 위한 우리 사회의 고민은 여전히 유효하다고 할 수 있다. 그럼에도 불구하고 반세기 전 일어났던 불행한 사건들에 비할 바는 아니다.

그렇다면 시대정신이 도대체 뭐란 말인가. 국립국어원『표준국어대사전』에 따르면 시대정신은 '한 시대의 사회에 널리 퍼져 그 시대를 지배하거나 특징짓는 정신'으로 정의하고 있다.

『고려대 한국어대사전』에서도 이를 '어떤 시대의 사회 일반에 널리 퍼져 그 시대를 지배하고 특징짓는 정신'으로 설명한다. 즉 시대정신을 정의하는 수많은 개념들 간에 한 가지 분명한 공통점이 있는데, '그 시대를 지배하고 특징 짓는 정신'이라는 것이다.

관념론 철학의 종결자로도 불리는 **게오르크 헤겔**(1770~1831)[1]은 한 시대를 관통하는 절대적인 정신이 있다고 믿었다. 이 정신은 한 시대가 끝나야만 비로소 알 수 있는 것이며 동시에 역사를 움직이는 힘이라고 강조하기도 했다. 헤겔은 이를 시대정신이라 정의하기에 이른다.

시대정신은 대통령 선거 과정에서 그 중요성이 특히 두드러지는데 여러 명의 후보들은 각자(혹은 그가 속한 정치집단)가 바라보는 시대적 사명과 미래 비전 등을 국민들에게 소상히 소개하기 위해 노력한다. 그러면 유권자들은 어느 후보의 공약이 자신들이 생각하는 시대정신에 부합하는지를 고민해서 민주시민으로서의 한 표를 던진다. 대통령에 당선된 지도자는 국민들이 바라는 시대정신에 부합하는 국정 운영을 펼치려 노력하며, 행여나 임기 중 급격히 변화하는 시대정신을 반영하지 못할 경우 총선이나 기타 다른 방식을 통해 국민의 재평가를 받는다.

이러한 원론적인 이유 때문에 어느 나라이건 국가의 지도자를 선출하는 과정 속에서 국민들이 요구하는 시대정신이 드러나기 마련이고, 그 이외의 선거(국회의원 선거나 지방선거 등)에서

---

1. 독일의 관념론을 완성한 철학자. 모든 사물과 현상의 전개가 정·반·합의 과정으로 이루어진다는 변증법을 주장했다. 그의 철학 체계는 이후 마르크스와 키에르케고르의 변증법적 유물론과 실존주의로 각각 발전됐다.

는 그 선출된 지도자의 시대정신이 올바르냐 여부에 따라 더 강력한 힘을 실어줄지 아니면 현 권력에 대한 견제가 필요할지 등이 결정되는 경향이 매우 높다.

당신이 한 국가의 대통령으로 선출되었다고 가정해보자. 국가의 도전 과제와 미래 비전 등 당신이 해석한 동시대의 시대정신은 국정 전반에 걸쳐 정책 집행이나 제도 개혁 과정을 통해 반영된다. 하지만 정책의 방향이나 효과 등은 정쟁의 대상이 되기 쉽기 때문에 국민들은 종종 본질을 놓치고 헷갈리기도 한다. 하물며 여론 형성에 큰 영향을 미치는 언론이나 수많은 이해집단 등을 거치면서 시대정신을 담은 정책 등은 과대평가되기도 하고 반대로 과소평가되기도 한다. 이러한 이유 때문에 지도자 입장에서는 자신의 정확한 메시지를 전달할 수 있는 수단이 필요한 것이다.

여기서 한 번 더 가정을 이어가보자. 이런 여론화 과정의 문제를 매우 잘 인식하고 있는 당신이 바로 오늘 우리의 대통령으로 선출되었다고 생각해보라. 국민이 원하는 대한민국의 미래이자 당신이 그리고자 하는 조국의 발전 방향, 즉 시대정신을 어떻게 하면 가장 효과적이고 명확하게 국민들에게 알릴 수 있을까.

우리 역대 대통령들이 선택한 방법은 '취임사'였던 것 같다. 한 국가의 지도자로 선출되고 처음으로 국민들 앞에 서서 약속을 다짐하는 가슴 벅차고 영예로운 자리에서 읽어내려가는 게 바로 취임사이기 때문이다. 추후 국정 운영 중 수많은 정치 이해집단과 경쟁하며 협치도 불가피할 터라 지도자는 왕왕 초심을 잃어버리곤 한다. 하지만 적어도 취임사를 읽어내려가는 그 순간만은 우리의 지도자들 모두 한결같이 진심이었을 거라 믿어 의심치 않는다.

이와 같은 굳은 믿음으로 이제 초대부터 19대까지 대한민국 역대 대통령 12명이 읽어내려 간 19편의 취임사를 분석해 보려 한다. 물론 내가 정치사학이나 민족사학을 연구하는 학자는 아니므로 취임사 이면에 있는 역사적·철학적 가치를 모두 끄집어내기에는 역부족일 것이다. 따라서 19편의 취임사에 명확히 적혀 있는 키워드를 **워드 클라우드**word cloud[2]를 통해 간단하면서도 객관적으로 비교 분석해보고자 한다.

- 매일경제 2019. 5. 16.

---

2. 글 또는 데이터에서 언급된 핵심 단어를 시각화하는 기법.

지도자의 시대정신,
건국에서 유신까지

지난 70년이 넘는 기간 동안 우리 사회는 전쟁과 혁명을 겪으며 어떤 지도자는 하야하거나 암살돼 중도 하차하기도 했고 어떤 지도자는 쿠데타로 집권하기도 했다. 심지어 99.9퍼센트의 득표율을 등에 업고 당선된 이가 있는 반면 37퍼센트 남짓한 지지율로 국가 지도자의 직책을 시작해야 했던 이도 있었다. 이러한 대한민국 현대사의 굴곡은 몇 줌 안 되는 단어들로 조합된 역대 대통령 12인의 취임사 19편에 고스란히 녹아있다.

이러한 대통령의 시대정신을 담고 있는 취임사를 분석하면서, '대통령'이나 '국민' 등 사용빈도가 가장 많지만 다소 관용적 표현이라 취임사의 특수성을 대표하는 키워드로 보기 어려운 단어는 분석에서 제외한 점을 밝혀둔다.

우선 대한민국 초대 대통령이었던 이승만 대통령(제1, 2, 3대 1948. 7.~1960. 4.)의 취임사를 살펴보자. 이 대통령의 취임사에는 광복의 기쁨과 정부 수립의 감격이 그대로 담겨있다. 다른 역대 대통령들의 취임사는 거의 대부분 '친애하는 국민 여러분'이나 '존경하는 해외동포 여러분'으로 시작되는데 반해 이 대통령은 다음과 같이 시작한다.

> "여러 번 죽었던 이 몸이 하느님 은혜와 동포 애호로 지금까지 살아 있다가 오늘에 이와 같이 영광스러운 추대를 받는 나로서는 일변 감격한 마음과 감당키 어려운 책임을 지고 두려운 생각을 금하기 어렵습니다."

국민 모두가 그토록 열망했던 건국의 감격이 국민들 앞에 선서하는 그의 첫마디에 담겨있는 것이다. 세 번(제1, 2, 3대 대통령 취임사)에 걸친 그의 선서에는 여러 번 그리고 꾸준하게 '나라(평균 12회)', '사람(평균 11회)' 그리고 '자유(평균 7회)'가 등장하며 이 키워드 모두 건국의 감격을 표현하는 문구에 담겨있음을 알 수 있다.

한편으로는 이승만 대통령의 세 번의 취임사에서 '세계(평균 9회)'와 '정부(평균 7회)' 그리고 '문제(평균 6회)'라는 키워드 또한 여러 번 등장한다. 1950년에 발발한 민족의 비극 6.25 전쟁 탓일 것이다. 이 재앙으로 우리 국민들은 일정 기간 공산주의 치하를 경험했다. 공산주의의 악마성을 몸소 체험한 우리 사회는 절대적인 반공 정서가 형성되기도 했다.

이에 미국을 비롯한 수많은 참전국들의 도움으로 전쟁을 잠시 미룰 수 있었고, 안보와 전후 재건 역시 이들에게 손을 빌리는 상황에 처할 수밖에 없었다. 대표적으로 **한미상호방위조약**[1] 체결을 들 수 있겠다. 이렇듯 전쟁 후 수많은 국내외 문제에 봉착한 대한민국의 초대 대통령은 언젠가는 다가올 '자주국가'라는 염원 아래 국민들의 결속을 호소해야 했다.

이러한 자주국가라는 이상이 너무 과했던 것일까. 1960년 4월 19일 첫 번째 한국판 시민혁명이 벌어졌던 것이다. 어느 날 마산 앞바다에 고등학생의 시신이 떠올랐다. 정권을 유지하기 위한 선거 부정 등에 맨손으로 대항했던 어린 학생이 경찰이 쏜 최루탄에 맞아 사망한 불행한 사건이다. 4.19 혁명은 대한민국의 민주화를 열망하는 시민들의 숭고한 투쟁이었고 그 결과 두 번째 지도자인 윤보선 대통령의 탄생으로 이어졌다.

사실 윤보선 대통령(제4대 1960. 8.~1962. 3.)은 4.19 혁명 후 4개월 만에 내각책임제 하에 대통령으로 선출되었지만 몇 달 지나지 않아 5.16 군사 쿠데타가 발발했고 임기를 20개월도 못 채

1. 1953년 한국과 미국 간 상호방위를 목적으로 체결된 조약. 한국이 외국과 맺은 최초의 군사 동맹이다.

제1대~제10대 대통령 취임사 키워드

우고 대통령 자리에서 물러나야 했다. 너무도 짧은 임기였지만 그의 취임사에 자주 등장하는 키워드인 '자유(6회)', '정치(6회)', '제2공화국(4회)' 등을 곱씹어 보면 4.19 혁명이 요구했던 시대정신을 상당 부분 담고 있다는 것을 알 수 있다.

그의 취임사에서 한 가지 흥미로운 점은, 가장 많이 등장하는 단어가 앞선 4.19 혁명과 연관된 키워드가 아닌 바로 '외교(8

회)'였다는 점이다. 즉 윤보선 대통령이 그리는 대한민국은 내적으로는 독재에 대항하며 자유를 갈망하고 외적으로는 실용외교를 통해 군사 원조와 경제 원조를 받는 등 국민의 실질적 이익을 중시하는 국가였던 것으로 보인다. 하지만 2천 자가 채 되지 않는 취임사였으므로 키워드 분석 결과에는 해석의 한계가 있을 수밖에 없다.

그의 취임사가 다른 대통령들의 그것과 구별되는 부분은, "이외에도 드리고 싶은 말씀 너무도 많습니다만, 오늘은 간단히 인사 말씀으로 대신하겠습니다"라고 연설을 마무리 지었다는 점이다. 이는 그의 취임사가 거대한 시대적 담론을 담아냈다기보다 '전반적인 인사말'로 들리는 이유이다.

또한 '4월 혁명의 정치적 자유의 유산을 물려받은 제2공화국 정부'라며 스치듯 표현했다는 점을 볼 때, 그의 취임사에는 역사적 사건이나 시대적 흐름과 연결시키는 등의 적극적인 역사적 좌표 찾기가 생략되었다고 볼 수 있다. 윤보선 대통령의 취임사가 다른 지도자들에 비해 호소력이 약하다는 평가를 받는 이유와도 무관하지 않아 보인다.

이제 '산업화의 아버지'로 불린 박정희 대통령(제5, 6, 7, 8, 9대 1963. 12.~1979. 10.)을 살펴 볼 차례다. 역대 대통령 중 공로와 과오가 분명하게 드러나고 어찌 보면 가장 위대한 지도자이자 가장 강력한 독재자로 평가될 수 있다. 이런 그의 리더십이 과연 한국 사회에 바람직했느냐는 논쟁이 지금도 여전히 유효하며 종종 정쟁의 중심에 서는 이유이기도 하다. 나는 박정희 대통령의 업적과 과오를 평가하려 무리하게 도전하기보다는 앞선 두 대통령의 분석에서처럼 그의 취임사에 담긴 키워드를 통해 그가 품었던 시대정신과 국가관을 살펴보려 한다.

역사적 좌표가 생략됐던 전임 대통령의 취임사를 거울로 삼은 것일까. 박정희 대통령의 취임사는 '민족(평균 14회)'과 '역사(평균 9회)'를 강조하는 그 자체였다고 해도 과언이 아니다. 그의 다섯 번의 취임 연설 중 처음 두 번은 다음과 같이 시작한다.

> "단군성조가 천혜의 이 강토 위에 국기를 닦으신지 반만년, 연면히 이어 온 역사와 전통 위에… 나는 국헌을 준수하고, 나의 신명을 조국과 민족 앞에 바칠 것을 맹세하며, 겨레가 쌓은 이 성단에 서게 되었습니다."

군부 쿠데타로 들어선 정부의 정통성과 역사적 맥락을 결부시키려는 강력한 의지가 담겨있는 대목이다. 좀 더 구체적인 맥락을 보면 박정희 대통령은 3.1 독립운동 정신과 4월 혁명이라는 시간적 좌표를 한반도라는 공간적 좌표에 연결시키려 했고 이러한 역사적 맥락을 5.16 군사 정변과 제3공화국의 탄생과도 연결시켰다. 그 후 제8대 취임식에서는 심지어 유신維新에 대해서도 군사 쿠데타와 마찬가지로 역사적 맥락화를 시도했다. 이 모든 역사적 사건들을 국력 배양의 가속화라는 일념으로 수차례에 걸친 경제개발 5개년 계획 및 새마을운동 등과 접목시킴으로써 역사적 정당성과 정권의 정당성을 상당 부분 통합시켰던 것으로 보인다. 이를 통해 그가 말하는 시대정신, '번영된 조국'이라는 큰 틀 속에서 급속한 산업화를 일구고 오늘날 대한민국이 세계 경제대국 반열에 오르는 토대가 된 것은 분명하다.

대한민국을 선진국 반열에 올려놓을 것만 같았던 박정희 대통령 리더십은 한편으로 '개발독재'의 늪에 빠져버렸던 것으로 보인다. 1979년 10월 26일, 중앙정보부 부장 김재규의 총에 살해되며 10.26 사태가 벌어졌던 것이다. 당시 최규하 국무총리가 대통령 권한 대행으로 비상계엄령을 선포하고 그 해 12월 제10대 대통령으로 선출되었다.

최규하 대통령(제10대 1972. 12.~1980. 8.)은 취임사에서 전 정권의 독재의 역사를 부인하고자 헌법개정 문제를 수차례 언급했다. 그의 취임사에 '헌법'만 21회 등장하는 점을 생각해보면 그가 바라봤던 시대정신을 쉽게 유추해 볼 수 있다. 여기에 더해 전 정권이 주도한 산업화와 경제성장의 그림자도 강조했다. 예컨대 급속한 산업화에 따른 자치 체제의 불안정과 경제·사회적 마찰과 갈등 등 문제가 파생되고 있다며 '경제'를 20회나 언급했다. 하지만 최규하 대통령은 취임 8개월 만에 대통령직에서 물러나며 '최단 기간 재임'이라는 불명예를 안았다. 당시 전두환 보안사령관 중심으로 신군부 군사 반란 사건, 즉 12.12 사태가 발발했기 때문이다.

- 매일경제 2019. 5. 23.

취임사의 레토릭, 군부에서 문민으로

건국에서부터 유신에 이르기까지 전임 대통령들이 힘겹게 구축해놓은 역사적 맥락을 송두리째 부정하면서 탄생한 지도자가 바로 제11, 12대 전두환 대통령(1980. 9.~1988. 2.)이다. 그는 '구시대의 그릇된 기풍', 심지어 '구시대의 잔행殘行'으로 과거 지도자들의 업적을 폄훼했다. 그러면서 36이란 숫자를 들어 자신이 주도하는 제5공화국의 역사적 의미를 부각시키려 했다. 취임사에서 "일본의 식민 통치 36년에서 광복된 지 또다시 36년 만에 우리는 오늘 제5공화국을 출범하고 있습니다"라며 정권의 정당성을 강조했으니 말이다. 이와 같은 그의 의지는 '시대(평균 13회)', '민족(평균 12회)', '역사(평균 9회)' 등의 키워드를 통해 취임사에 고스란히 반영되어 있다.

사실 오늘날 젊은 세대가 '전두환' 하면 떠올리는 것이 군부독재, 광주민주화운동, 5공 비리와 천문학적인 비자금, 사형선고 후 사면 등으로, 우리가 보편적으로 믿고 있는 민주주의와는 달라도 너무 다르다. 전두환과 민주주의는 절대 섞을 수 없는 상극으로 보인다. 이런 걸 두고 '**레토릭**rhetoric[1]의 역설'이라고 하는 것 같다.

전두환 대통령은 그 어느 대통령보다도 취임사에서 민주주의라는 단어를 많이 사용했다. 특히 모든 주권은 국민에게 있다는 의미의 '민주民主'라는 단어는 그의 군사 쿠데타 성공 이후 첫 번째 취임사에서 총 22번 언급됐다. '참다운 민주주의', '민주복지국가', '민주주의는 인류 보편적 가치' 등의 표현을 가장 빈번히 사용한 지도자이기도 했는데, 전두환 대통령을 전혀 모르는 외국인이 그의 취임사만 보고 리더십을 분석했다면 분명 대한민국 최초의 문민文民 대통령으로 오판할 가능성이 굉장히 높을 것이다.

이런 민주주의의 레토릭은 후임인 제13대 노태우 대통령(1988. 2.~1993. 2.)의 취임사에서도 이어졌다. 그는 '민주'를 21번이나 언급했고 또한 '민주정부를 세운 지 40년'이란 말과 함께 "반만년 동안 숱한 외세의 침략과 시련을 이겨내며 빛나는 문화전통을 창조하여 민족의 자존을 면면히 이어온 그 불굴의 민주

---

1. 본래 말이나 글을 다듬고 꾸며 아름답고 정연하게 하는 수사修辭를 뜻하는 말로, '정치적 레토릭'이라고 하면 흔히 웅변술이나 설득술을 의미한다.

독립정신을 가슴에 새깁니다"라고 연설하는 등, 어찌 보면 전임 대통령이 취임사에서 강조하려 했던 역사적 좌표와 맥을 같이 한다고 볼 수 있다.

하지만 노태우 대통령의 취임사는 이전과는 무언가 달랐다. 취임사에서 대통령 본인을 '저'로 칭한 건 역사상 처음이었다. 전임 대통령들은 모두 '나' 혹은 '본인'을 혼용했는데 말이다. 노태우 대통령이 '저는' 또는 '제가'라는 표현을 사용한 이래 후임자들 대부분 자신을 '저'라고 칭했다. 또한 그의 취임사에서는 '우리(50회)'가 강조됐다. 이는 국민들의 민주화와 직선제 개헌 요구를 받아들여 당시 정국을 대화합의 국면으로 전환시켰던 6.29 민주화선언 정신을 이어가고자 했기 때문으로 보인다.

진짜 문민정부의 시작은 제14대 김영삼 대통령(1993. 2.~1998. 2.)의 취임부터이다. 취임사를 보면 김영삼 대통령의 역사의식은 분명 민주화 운동에 초점이 맞춰져 있다고 하겠다.

> "오늘 우리는 그렇게도 애타게 바라던 문민 민주주의의 시대를 열기 위하여 이 자리에 모였습니다. 오늘을 맞이하기 위해 30년의 세월을 기다려야 했습니다. 마침내 국민에 의한, 국민의 정부를 이 땅에 세웠습니다. 오늘 탄생되는 정부는 민주주의에 대한 국민의 불타는 열망과 거룩한 희생으로 이루어졌습니다."

제11대~제15대 대통령 취임사 키워드

특히나 9선 의원을 거치며 대한민국 민주화의 상징이기도 했던 그가 국가 지도자가 되었다는 것은 곧 지난 32년간의 권위주의적 통치의 종식을 의미했다. 이를 강조하기 위해 그가 창조했던 단어가 바로 '신한국(13회)'이다. 중요한 건 그가 말한 이 신한국이 레토릭에 머물지 않았다는 점이다. 하나회 척결, 전임 대통령 비자금 구속, 조선총독부 철거, 금융실명제 등 그가 단행했던 사회 개혁적 대수술을 기억한다면 국민들이 요구하는 시대정신에 지도자의 리더십과 실천을 상당 부분 부합시킨, 몇 안 되는 대통령으로 평가할 수 있겠다.

김영삼 대통령과 더불어 대한민국 정치사에서 '3김 시대'의 또 다른 주역인 제15대 김대중 대통령(1998. 2.~2003. 2.)을 살펴볼 차례이다. 그는 죽을 고비만 다섯 번을 넘긴, 말 그대로 한국 현대 정치사의 산증인이자 한국인 최초로 노벨 평화상을 수상한 인물이기도 하다. 그의 취임사를 살펴보면 흥미롭게도 본인이 겪은 고난과 시련으로 점철된 정치 인생사에 기대기보다는 미래를 향한 메시지가 주를 이루고 있다. 다시 말해 김대중 대통령 취임사에는 전임 대통령의 것과는 다르게 역사적 맥락을 담아보려는 성찰이 거의 없는 듯하다. 오로지 국가 미래 비전을 제시했다.

아마도 취임 당시 시대 상황이 큰 영향을 미쳤던 것으로 보인다. 6.25 전쟁 이후 최대의 국난으로 평가될 만한 'IMF 외환위기'를 떠올려보라. 이는 국가부도에 처한 우리나라가 국제통화기금IMF의 자금을 지원받는 양해각서를 체결한 사건이다. 당시 수많은 국내 기업들이 연쇄 도산했고 이 과정에서 대량 해고와 경기 악화도 불가피했다. 김대중 대통령은 기업과 가계 그리고 정부 모두가 뜻을 모아 이 국난을 극복해보고자 했다. 그래서 다 함께 고통을 분담하자고 국민을 설득하는데 취임사의 많은 면을 할애했던 것이다.

당시 국민 대부분이 그랬겠지만 우리 가족 역시 장롱 속의 금붙이를 꺼내 은행으로 가져갔던 기억이 있다. 이런 국가적 환란에 대한 고민은 '경제(26회)', '기업(20회)', '극복(10회)', '협력(10회)', '시장경제(6회)' 등의 키워드를 통해 취임사에 명확히 담아냈다. 그럼에도 불구하고 본인 자체가 한국의 민주주의를 상징해서였을까. 그의 취임사에도 역시나 '민주주의(9회)'는 자주 등장했다.

북한은 과거 거의 모든 대통령 취임사에 언급되었지만, 화해와 포용의 대상으로 북한(8회)을 언급한 건 김대중 대통령이 처음이었다. 그는 "첫째, 어떠한 무력도발도 결코 용납하지 않겠습니다. 둘째, 우리는 북한을 해치거나 흡수할 생각이 없습니다. 셋째, 남북 간의 화해와 협력을 가능한 분야부터 적극적으로 추진해 나갈 것입니다"라는 3대 원칙을 통해 북한에 긍정적인 메시지를 전달하고자 했다. 이른바 대북 포용 정책 혹은 햇볕정책이란 이름으로 남북 관계의 대전환을 이루었으며, 그 후 남북 간에 수많은 교류와 협력 활동이 이루어지는 데 기틀을 다졌다고 평가받고 있다.

- 매일경제 2019. 5. 30.

행복과 정의 추구,
나라를 나라답게

'동북아(18회)', '평화(17회)', '북한(10회)', '한반도(12회)' 등의 키워드로 대변되는 취임사의 주인공은 제16대 노무현 대통령(2003. 2.~2008. 2.)이다. 그는 주변 열강들의 복잡한 이해관계가 우리나라 외교와 안보 그리고 경제의 지속 가능한 진보를 가로막고 있다고 판단했던 것 같다. 그래서 동북아 지역에서 주변국들 간의 균형자적 역할을 통해 지정학적 주도권을 잡는 것이 우리가 장밋빛 미래를 펼칠 수 있는 핵심 전략이라 말한다. 이른바 '동북아 균형자론'의 천명이다.

> "오랜 세월 동안 우리는 변방의 역사를 살아왔습니다. 때로는 자신의 운명을 스스로 결정하지 못하는 의존의 역사를 강요받기도 했습니다. 그러나 이제 우리는 새로운 전기를 맞았습니다. 21세기 동북아 시대의 중심국가로 웅비할 기회가 우리에게 찾아왔습니다."

하지만 이 새로운 외교·안보 비전은 전통적인 한미동맹의 틀을 흔들 수 있다는 비판을 피할 수 없었고 여전히 정쟁의 중심에 서기도 한다.

역사적 맥락화 측면에서는 '지난 반만년 동안 민족의 자존과 독자적 문화'를 지켜내 온 우리 민족의 굳은 심지를 강조했고 동시에 광복 이후 6.25 전쟁에도 불구하고 빈곤과 가난을 딛고 반세기 만에 경제 강국으로 발돋움했다며 우리가 일궈낸 기적을 간략하면서도 명료하게 정리했다.

이러한 조국의 업적과 함께 그가 맥락화하려 한 시대정신은 '정의로운 사회'였다. 반칙과 특권을 용납하지 않고 원칙이 바로서는 신뢰 사회의 중요성을 역설한 것이다. 사실 그가 민주당 대선 후보 수락 연설에서 정의를 향한 시대적 소명을 강조했던 것에 비하면 취임사의 뉘앙스는 상당히 완화된 느낌마저 든다. 아마도 국민통합을 위해서였을 것이다. 몇 년 뒤 대한민국 전직 대통령의 불행한 역사가 이어졌지만 그가 꿈꿨던 국가상은 여전히 우리 사회에 널리 퍼지는 메아리처럼 깊은 울림을 주고 있다.

그 뒤를 이어 탄생한 지도자는 이념을 넘어 실용의 시대로 나아가고자 했던 제17대 이명박 대통령(2008. 2.~2013. 2.)이다. 그가 대통령 당선 직후 찾아간 곳이 전국경제인연합회(전경련)였다. 최순실 국정 농단 사태와 맞물려 지금은 그 힘이 상당히 약화됐지만 당시 전경련은 대한민국 일류 대기업의 대변인 그 자체였다. 이러한 대통령의 행보에는 '작은 정부와 큰 시장'을 통해 기업의 효율성을 극대화시키겠다는 강한 의지가 담겨있었다. 특히 세계 무대에서 치열한 경쟁을 펼치는 우리 일류 기업들을 지원하려는 그의 리더십은 실용정신이란 이름 아래 취임사에 고스란히 녹아있다.

그는 취임사에서 '실용정신은 동서양의 역사를 관통하는 합리적 원리이자, 세계화의 물결을 헤쳐나가는 데 유효한 실천적 지혜'라 강조하면서 이것이 바로 우리나라가 선진화되기 위해 필요한 시대정신이라 천명했다. 이와 같은 '경제 대통령'으로서의 그의 비전은 '대한민국(17회)', '세계(17회)', '기업(14회)', '경제(11회)', '선진화(9회)' 등의 단어를 통해 강조된다.

그의 임기 중 벌어진 2008년 서브프라임 모기지 사태에 이은 리먼브라더스의 파산으로 금융위기가 세계적으로 일파만파 확산되던 당시를 기억할 것이다. 물론 지금도 금융위기의 후유증이 남아 있지만 당시 상당수의 회사가 이런 위기를 경험하면서 내실 강화에 주력할 수밖에 없었기 때문에 위기 속 질적 성장을 이뤄낸 일면도 있다. 이는 기업 경영을 누구보다도 잘 아는 지도자가 바로 그 시대, 그 자리에 있었기에 세계 금융위기 속에 비교적 선방할 수 있었던 것으로 해석할 수 있다.

제16대~제19대 대통령 취임사 키워드

박정희 대통령의 딸이자 한국의 첫 여성 지도자로, 보수 정권의 연장선에서 선출된 제18대 박근혜 대통령(2013. 2.~2017. 3.)이 탄생했다. 그는 오래전 아버지가 일궈놓은 경제발전을 기반으로 행복한 대한민국을 만들겠다는, '행복(20회)' 추구를 시대정신으로 보았다. 과거 산업화와 민주화를 동시에 이뤄낸 위대한 성취의 역사 위에 '희망(9회)'의 새 시대를 여는 국가 비전을 제시한 것이다. 그리고 취임 후 굉장한 논란 속에 진행된 '창조경제(8회)' 프로젝트는 그가 과학기술과 IT 산업에 얼마나 공을 들였는지 엿볼 수 있는 대목이다.

한편으로 박근혜 대통령은 취임사에서 '5천 년 유·무형의 찬란한 문화유산과 정신문화의 바탕 위'에서 오늘날 한류가 탄생했다며 '문화(19회)'와 '행복'을 역사적 맥락 속에 연결시키려 했다. 이어 창조경제를 이 둘과 결합시킴으로써 '제2의 한강의 기적'을 만들어내는 것을 자신의 시대적 소명으로 보았다.

그가 그리던 행복한 대한민국 만들기 프로젝트는 여전히 사회 곳곳에서 진행 중이지만, 자신은 도중에 하차해야만 했다. 헌정 사상 최초로 탄핵된 대통령이라는 불명예를 안은 채 말이다. 그럼에도 박근혜 대통령이 취임사에서 우리에게 전달하고자 했던 행복국가의 꿈과 조국에 대한 애정만큼은 왜곡되어선 안 될 것이다.

그의 퇴진과 함께 '촛불혁명'의 절대적 지지를 받으며 등장한 지도자는 바로 제19대 문재인 대통령(2017. 5.~)이다. 그의 취임사는 전임 대통령들에 비해 상당히 짧으면서도 자신이 바라보는 시대정신을 명확히 담아낸 것으로 보인다. "기회는 평등할 것입니다. 과정은 공정할 것입니다. 결과는 정의로울 것입니다"라는 유장미 넘치는 이 표현은 여전히 많은 국민들의 심금을 울리고 있지 않은가.

한편으로는 과거 노무현 대통령이 국민통합을 위해 다소 소극적으로 담을 수밖에 없었던 정의로운 사회상이 노무현의 친구에 의해 다시 불려 나와 강력하게 환기되는 느낌이다. 특히 최순실 국정 농단 사태 후 탄생한 정부이기에 '나라를 나라답게'라는 말을 두 번이나 반복하며 '정의로운 나라(10회)'를 무엇보다도 강조했다. 동시에 이번 기회에 불행한 대통령의 역사를 끊어내겠다는 강력한 의지를 보이며 '과거 역사(7회)'와의 작별을 천명하기도 했다.

문 대통령의 취임사의 핵심은 혼란스러운 정국을 전화위복의 계기로 승화시켜 새로운 세상을 열어보겠다며 향후 5년의 청사진을 제시했다는 데 있다. 예컨대 '선거(7회)'와 '정치(6회)' 모두 그의 새로운 대한민국을 향한 목표와 궤를 함께 하고 있다. 또한, '소통'이나 '광화문'은 역대 대통령 취임사에서는 보기 힘든 단어였지만 그의 취임사에는 '소통하는 대통령'과 '광화문 대통령 시대' 등 기존의 권위적인 대통령 문화를 청산하고자 하는 강한 의지가 담겨있다. 최근에 첫 번째 공약이었던 대통령 집무실 광화문 청사 이전은 보류한다며 사실상 공약 파기를 선언했지만 그럼에도 소통에 무게를 실은 그의 약속을 조금 더 지켜봐야 할 듯하다.

- 매일경제 2019. 6. 6.

정의로운 나라는 흔들림이 없다

건국의 아버지 이승만 대통령부터 현 문재인 대통령에 이르기까지 총 19편의 취임사를 워드 클라우드 키워드 분석을 통해 살펴보았다. 이를 위해 방대한 양의 취임사를 수차례 읽으면서 그들이 바라보고 제시했던 시대정신과 국가 비전 등을 엿볼 수 있었다. 이번에는 앞선 글에서 상세히 살펴보지 않았던 세 가지 이슈에 대해 언급해보려 한다.

첫 번째는 건국 이래 지금까지 12명의 대통령을 거치는 동안 지도자와 국민 간의 관계가 변화해왔다는 느낌을 지울 수가 없다는 점이다. 19편의 대통령 취임사의 뉘앙스를 느껴보면, 우리는 치하의 대상에서 감사의 대상으로 변해왔다. 특히 21세기에 들어와서는 위대한 국민으로 칭송하는 표현들이 속속 나타난다.

이렇듯 수직적 관계에서 수평적 관계로의 전환은 건국 이래 70년이 넘는 기간 동안 대한민국의 민주주의가 확대돼왔다는 것을 반증하는 것이다. 예컨대 역대 대통령들은 국민과의 수평적 관계를 보다 부각시키고자 과거 '민주정부'에서 시작해 '국민이 주인이 되는 정치' 더 나아가 '참여민주주의' 등의 신조어로 탈바꿈시켜왔다.

두 번째로 눈에 띄는 부분은 취임사에 드러난 레토릭의 역설이다. 이는 전두환 대통령의 취임사를 분석하며 짧게 언급한 적이 있다. 박정희 대통령과 전두환 대통령 같이 군부 쿠데타를 일으켜 정권을 쟁취한 지도자들은 민족의 오랜 역사적 흐름을 강조하며 자신의 행위에 대한 정당성과 정권의 정통성을 보완하려 했다. 앞서 말했듯이 취임사에서 민주주의를 가장 많이 언급하고 강조했던 이가 바로 수백억 원대의 비자금 조성 혐의로 법정에 섰던 전두환 대통령이란 사실은 역설 그 자체라 하지 않을 수 없다.

심지어 김대중 대통령 역시 정치에서 지역차별을 없애겠다 말했지만 퇴임 후 행보를 살펴보면 그가 특정 지역 국회의원 공천에 상당한 영향력을 행사한 것을 알 수 있다. 또한 문민정부 이후 대통령들은 취임사에서 지역 탕평인사 등을 운운했지만 '코드 인사'라는 비판을 피해간 이는 아무도 없었다 해도 과언이 아니다. 취임사의 레토릭은 현실을 정확히 반영한다기보다는 현실의 역설인 경우가 흔하며, 그래서 취임사를 액면 그대로 받아들이는 것은 그리 현명한 판단이 아닐지도 모른다.

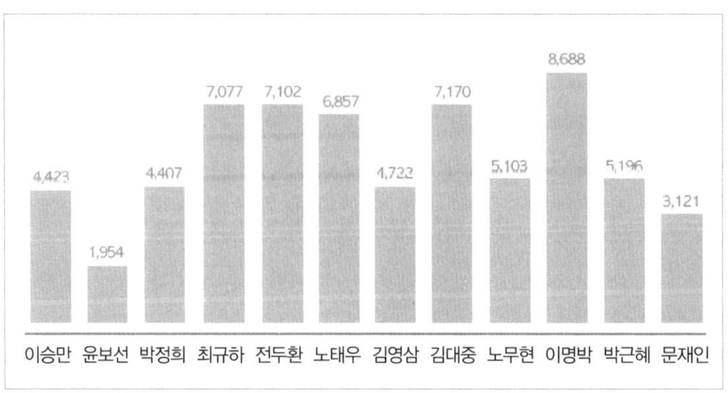

대통령 취임사 글자수

그리고 세 번째는 역대 대통령들의 취임사 분량이다. 비교를 위해 기준으로 반영한 것이 공백을 포함한 글자 수이다. 초대 대통령인 이승만 대통령의 3번의 취임사 글자 수는 평균 4천423자였다. 그리고 박정희 대통령 역시 5번의 취임사 분량은 평균 4천407자로 이승만 대통령과 비슷한 수준이었다. 김영삼 대통령과 노무현 대통령 그리고 박근혜 대통령 역시 비슷한 수준의 취임사를 읽어 내려갔다.

한편 전두환 대통령과 노태우 대통령 그리고 김대중 대통령이 읽어내려 간 취임사 분량은 7천 자 수준으로 12명의 역대 대통령들의 평균 5천485자를 훌쩍 넘겼다. 특히 이명박 대통령은 8천688자로 가장 긴 취임사였음이 확인된다.

반면 윤보선 대통령과 문재인 대통령의 취임사는 다른 대통령들에 비해 상당히 짧은 편이었는데, 대통령 탄핵 등과 같은 일대 변혁의 과도기적인 상황 속에 취임했기 때문으로 생각된다. 하지만 최규하 대통령의 취임사 분량은 7천 자로 긴 편에 속했음을 생각해보면 과도기적 시대 상황과 취임사 글자 수 간의 상관관계를 단정 짓기에는 무리가 있어 보인다.

대통령의 취임사 발표는 한 개인의 메시지 차원을 넘어 한 시대를 마감하고 새 시대를 여는 역사적인 의식이다. 그리고 이 의식에는 레토릭의 역설에서부터 새 시대에 대한 희망을 불어넣는 비법까지 지도자가 할 수 있는 거의 모든 것들이 몇 천 자 안에 담겨있음을 알 수 있었다. 하지만, 시대정신의 좌표가 잘못 제시된 취임사를 적지 않게 발견할 수 있으며 심지어 당시 사회가 요구하는 시대정신과는 상반된 이가 지도자가 되기도 했다.

앞서 헤겔은 한 시대를 관통하는 절대적인 정신이 있으며, 이는 역사를 움직이는 힘이라고 강조했다. 바로 시대정신이다. 예컨대 오래전 우리 국민들이 서구의 민주화 과정을 먼 발치에서 지켜보며 민주주의 자체를 동경의 대상으로 여겼던 적이 있다. 헤겔은 '민주주의 실현은 정도正道의 길'이라는 이런 우리의 믿음을 **테제**these[1]라고 설명한다. 그는 또한 민주주의에 대한 국민의 요구를 억제, 탄압하려는 독재자의 시도 내지는 믿음 따위를 테제에 반反하는 **안티테제**antithese[2]라 가정한다. 이러한 테제와 안티테제와의 끊임없는 충돌 끝에 우리 국민들은 독재자를 끌어내리는 방법을 배우고 경험했으며 그토록 갈망하던 민주주의를 이뤄냈다. 동시에 이를 지켜내는 법 또한 터득했으니, 이는 헤겔이 말하는 희망적인 결과 즉 **진테제**synthese[3]를 의미한다고 볼 수 있다.

헤겔은 이렇게 형성된 진테제는 곧 테제로 인정받고 이는 다시 새로운 안티테제와 충돌하며 그 결과 새로운 진테제가 형성되는 과정이 꾸준히 반복되는 것이 우리 세상이라고 말한다. 이와 같은 변증법적 접근을 통해 그는 역사와 시대정신의 본질을 꿰뚫었다고 평가받는다.

그렇다면 오늘날 우리 사회의 시대정신은 무엇일까. 헤겔의 정치철학적 혜안을 받아들인다면 오늘날의 시대정신은 과거 여러 차례의 테제와 안티테제 그리고 진테제 형성 과정을 이해해야만 알 수 있는 것이다. 그렇기에 지도자는 과거의 역사를 되돌아보고 우리 사회가 지금까지 이뤄낸 진테제들을 구분할 수 있는 역량이 필요하며 그래야만 국민 모두가 원하는 시대적 요구, 즉 올바른 시대정신을 제시할 수 있다.

---

1. 변증법에서 논리를 전개하기 위한 최초의 명제를 말한다. 정치적, 사회적 운동의 기본이 되는 강령을 뜻할 때도 '테제'라는 말을 쓰기도 한다.
2. 헤겔의 삼단 변증법에서 테제를 부정하는 두 번째 단계를 말한다.
3. 테제와 안티테제, 즉 서로 모순되는 정립과 반정립을 거쳐 대립과 모순이 통일되는 단계이다.

문재인 대통령이 바라보는 시대정신은 '나라다운 나라'와 '정의로운 사회'인 것 같다. 오늘 이 순간에도 테제와 안티테제는 끊임없이 충돌하고 있을 것이다. 그리고 이 시대정신이 정답인지 아닌지 그래서 우리 사회의 정의와 나라다운 나라라는 진테제가 형성될지는 한 시대가 끝나야만 비로소 알 수 있을 것 같다.

다음 번 우리의 지도자가 되고자 하는 수많은 정치인들 중 어떤 이는 분명 진테제의 결과를 꿰뚫어 보고 있을 것이다. 바로 이 사람이 우리 대한민국의 지도자로 선택되길 바랄 뿐이다. 우리의 13번째 대통령이자 제20대 대통령이 될 그가 읽어내려갈 20번째 취임사가 무척이나 기대되는 이유이다.

- 매일경제 2019. 6. 13.

대한민국 보수의 지리멸렬을 불허한다

성경에 나오는 백향목栢香木이 국기 정중앙에 그려져 있는 나라가 바로 레바논이다. 이 나라는 인기 드라마 〈태양의 후예〉의 모델이 된 동명부대가 남부 지역에서 유엔평화유지군 임무를 수행하고 있는 곳이기도 하다. 레바논은 종종 '중동의 파리'로 묘사되기도 하는데, 수도인 베이루트는 하루에 지중해의 해수욕과 산악스키를 모두 즐길 수 있는 그림 같은 도시이다.

하지만 레바논 하면 제일 먼저 떠오르는 이미지가 내전과 분쟁이다. 그도 그럴 것이 40년 전 발발한 내전은 레바논의 유·무형적 가치를 송두리째 빼앗아 간 계기가 되었다. 지금도 도시 곳곳이 총알과 포탄 자국 등 내전과 분쟁의 흔적들로 얼룩져있다. 영토는 우리나라 수도권 정도에 인구는 600만 명 밖에 안 되는데, 유엔 조사에 따르면 4명 중 1명이 난민이란다. 이젠 시리아와 이라크 등 주변국들의 내전에 휘청거리며 경제 근간까지 흔들리는 안타까운 상황이다.

그렇다면 우리가 레바논을 떠올릴 때 흔히 느끼는 그 불안감은 실제에서 나오는 것일까? 유엔 직원 채용을 위해 인터뷰를 진행하면 "거기 안전한가요?"라는 질문이 되돌아온다. 이들의 우려는 부임 후 금세 해소된다. 근무지가 베이루트 번화가에 위치한 이유도 있을 것이다. 다시 말해 수도권 외곽 지역으로 나갈수록 치안 상황이 더 안 좋아질 수 있다. 그럼에도 우리가 느끼는 레바논에 대한 불안 인식은 다소 과장되었다고 생각한다.

나의 이런 믿음에는 근거가 없지 않다. 레바논의 정치는 견제와 균형이 큰 역할을 하기 때문이다. 우선 국회의원 수가 128명으로, 1989년 체결된 **타이프협약**(국민화해헌장)[1]에 따라 기독교와 이슬람교에 정확히 64석씩 의석이 배분된다. 이슬람교에 배정된 64석은 수니파와 시아파로 한 번 더 나뉜다. 이러한 정치·종교적 균형을 추구함과 동시에 **이원집정부제**[2] 아래 대통령은 기독교 종파, 총리는 수니파, 국회의장은 시아파에서 선출하도록 하는 힘의 견제를 헌법에 규정했다.

2018년 5월 거의 10년 만에 치러진 레바논 국회의원 선거는 수니파와 시아파에 배분된 의석 수 쟁탈전이었다고 해도 과언

---

1. 1989년 미국 및 주변 아랍국들의 주선으로 사우디아라비아 타이프Taif에서 채택한 국민화해헌장. 기독교 우위의 정치 구조 때문에 레바논에서 내전이 발발하자 이 협약을 통해 기독교와 무슬림 간 정치권력 구조의 균형을 찾았다.
2. 대통령중심제와 내각책임제가 절충된 제도.

이 아니다. 수니파 총리가 이끄는 미래운동당과 이란이 지지하는 헤즈볼라계 시아파의 경쟁 구도였다. 시아파가 미세한 우세를 보인 이번 선거 결과를 두고 정정 불안을 걱정하는 사람들은 대부분 나를 포함한 외국인 커뮤니티였다. 이렇듯 레바논은 이슬람과 가톨릭, 그리스정교 등 여러 종파가 공존하는 모자이크 국가이자, 정치권력의 견제와 균형을 실천하고 있는 나라이다.

그렇다면 우리의 상황은 어떤가? 삼권분립의 원칙에 따라 대통령의 권력을 견제해야 하는 사법부는 사법 농단 의혹 탓에 국민의 신뢰를 잃고 있으며, 국정 농단 사건 이후 보수 야당에 대한 국민적 지지가 추락해 입법부의 정부 견제 효과 역시 큰 상처를 입었다. 지난 지방선거에서 정부·여당의 압승을 떠올려 보면 '입법부의 견제 기능 약화'란 혹평도 그리 과하진 않다.

정치권력의 견제와 균형은 유권자, 바로 우리만이 만들어 낼 수 있다. 복잡한 미시적 정치공학에서 벗어나 레바논이 추구하는 거시적 '견제와 균형의 미'에 대해 한번 생각해 볼 시점이다. 물론 나라마다 처한 정치적 상황이 다르기 때문에 추구하는 가치와 목적 역시 상이할 수밖에 없다. 그럼에도 견제와 균형이라는 민주주의의 기본원리가 제대로 작동할 수 있도록 대한민국 보수의 지리멸렬을 용납해선 안 될 것이다.

- 국민일보 2018. 12. 18.

...strz i wicemistrz

...Śląska

BĘDZIEMY GŁOSOWAĆ W 57 OBWODACH WYBORCZYCH

Przygotowania do zbliżających się wyborów do Sejmu i rad narodowych już się roz-...

DZIŚ

Jeden

Magazyn...

W ubiegłym ty...

3부

시장경제의 새로운 길, 지속가능발전

3부

시장경제의 새로운 길, 지속가능발전

최근 미국과 중국의 무역 전쟁이 격화되고 있다. 양국이 서로에게 높은 관세를 부과하고 또 보복 관세를 추가하는 이 같은 무역 갈등은, 비단 미국과 중국만의 문제가 아니라 세계 경제 성장률에도 영향을 미치게 된다. 특히 중국 무역 의존도가 높고 경제블록이 긴밀하게 연결돼 있는 우리나라에 미칠 파급력은 더욱 클 것이다.

미국과 중국이 공정 무역을 빌미로 무역 갈등을 빚고 있지만, 사실 이를 양국의 패권 다툼으로 보는 평이 우세하다. 그도 그럴 것이 미국과 중국은 각각 세계 경제 규모 1, 2위를 자랑하는 강대국이기 때문이다.

그동안 세계 경제 질서는 미국을 중심으로 한 신자유주의 경제 체제로 돌아갔다고 해도 과언이 아니다. 국가의 개입을 최소화하고 자유로운 시장 활동을 보장해 경제 성장을 도모한다는 이 체제는 그러나 구조조정, 정리해고, 비정규직, 성과급 제도 확대 등 노동시장 유연화 정책과 함께 복지제도를 축소하며 또 다른 사회적 갈등을 불러오기도 했다. 특히 자본과 기술이 부족해 미국 등 초강대국이 주도하는 세계적 규모의 금융 및 무역 개방 정책을 견뎌내지 못한 약소국들은 경제적, 사회문화적 몰락을 피해가지 못했다.

따라서 지속가능한 경제 발전을 위해 신자유주의 세계화의 대안을 찾아야 한다는 목소리가 높아지고 있다. 세계 시민들은 개인과 시장의 자유를 존중하면서도 공동체의 이익을 챙기는 복지국가의 출현을 기다리고 있다. 현대 사회를 지배하는 시장만능주의와 극심한 경쟁 구도를 합리적으로 조정하는 국가의 역할을 기대하는 것이다.

우리는 이 같은 모델을 북유럽 복지국가들에서 엿볼 수 있다. 스웨덴, 노르웨이, 덴마크, 핀란드 등 북유럽 국가와 독일이 갖춘 '합의제 조정시장경제' 체제는 노동자의 안정된 고용, 대기업과 하청기업 간의 긴밀한 생산협력이 보장되며 시장의 협의와 조정이 노동자·기업·정부, 3자를 통해 이루어진다.

이제 우리나라도 자유시장경제 체제뿐 아니라 노사정 모두의 상생을 가능케 하는 합의제 조정시장경제 체제가 절실하다. 이 또한 새로운 경제의 길을 찾는 시대정신이라 하겠다.

소리 없는 전쟁,
미중 패권 다툼을 보며

작년에 이어 올해 역시 글로벌 경제는 미중 간 무역 분쟁으로 인해 불확실성에 휩싸일 것으로 보인다. 양국 간에 협상이 완벽하게(?) 마무리되어도 이 무역 전쟁의 여파는 한동안 지속될 것이기 때문이다. 우리 모두가 잘 알고 있듯 이는 단순 무역 분쟁을 넘어 이른바 'G2 패권 전쟁'인 것이다.

우리가 중국 주도의 개발은행인 **아시아인프라투자은행**[1]에 가입하느냐 마느냐를 두고 고민했던 4년 전을 떠올려보라. 21세기판 실크로드 **일대일로**一帶一路[2]와 **중국몽**中國夢[3] 등을 외치던

---

1. Asian Infrastructure Investment Bank. 아시아, 태평양 지역의 대규모 인프라 투자를 위해 설립한 은행이다. 2013년 중국 시진핑 주석이 동남아시아 순방 기간에 인도네시아 자카르타에서 이 은행의 설립을 공식 제안했다.
2. 중국이 주도하는 신新 실크로드 전략 구상으로, 2014년부터 35년 간 내륙과 해상을 잇는 현대판 실크로드 경제벨트를 구축해 중국과 주변 국가의 경제·무역을 확대하겠다는 대규모 프로젝트이다.
3. 2012년 시진핑 주석 집권 당시 중화민족의 위대한 부흥을 실현하겠다고 선언한 데서 유래한 말로, 시진핑 주석의 통치 이념을 대변한다.

시진핑 주석의 모습도 언론을 통해 전 세계로 전해졌다.

그렇기 때문에 이번 양국 간 무역 분쟁은 미국이 오랜 기간 설계해놓은 세계 질서, 즉 그들의 세계 패권에 위협이 되는 중국을 무너뜨리기 위한 여러 전략 중 하나로 봐도 무방할 것이다. 어찌 보면 중국의 군사 굴기를 위한 자금줄을 차단하려는 것이 본질적인 목적인지도 모르겠다. 사실 지난 세계 정치경제의 흐름을 되짚어보면 이러한 패권 전쟁은 전혀 새롭지 않다. 예컨대 **플라자합의**[4]와 연이은 역플라자합의 등을 통해 미국은 20세기 말 자신들의 세계 패권을 위협한 일본을 완벽히 굴복시키는데 성공했다. 이 시기는 일본의 **잃어버린 10년**[5]으로도 잘 알려져 있다.

이 모두를 고려할 때 기원전 400년경 **투키디데스의 함정**[6]을 역설한 그리스 역사가 투키디데스의 혜안에 저절로 머리가 숙여진다. 그레이엄 앨리슨 하버드대 교수는 지난 500여 년 동안 기존 패권국과 신흥 강국의 충돌이 16번 있었다고 분석했는데 이중 무려 12번이 전쟁으로 이어졌다고 하니, 이번 미중 간 패권

---

4. 기존 패권 국가와 빠르게 부상하는 신흥 강대국이 결국 부딪칠 수밖에 없는 상황을 일컫는 용어이다.
5. 1991년부터 2002년까지 일본 부동산 시장의 거품이 무너지면서 극심한 장기침체를 겪은 기간을 말한다.
6. 새로운 강대국이 부상하면 기존의 강대국이 이를 두려워하게 되고 이 과정에서 전쟁이 발발한다는 뜻의 용어다.

전쟁이 무력 충돌로 이어지지 않기만을 바랄 뿐이다.

한편으로는 지난 한 세기 동안 세계 자유무역주의의 상징과도 같았던 미국이 오늘날 보호무역주의를 강조하고 있고, 이와는 정반대로 한때는 보호무역을 옹호하다가 최근에는 자유무역주의의 전도사로 비춰지는 중국을 보면 '역사는 돌고 돈다'는 말이 새삼 떠오른다. 특히 나는 이런 패권 다툼을 보면 장군, 멍군을 외치는 장기나 흑돌과 백돌의 소리 없는 전쟁인 바둑이 떠오른다. 우리나라 이세돌 9단을 꺾었던 구글 딥마인드의 알파고나 **내시 균형**[7]을 정립한 게임이론의 석학 존 내시를 스카우트해야 되는 게 아닌가 싶을 정도다.

선진국과 후진국 간 성장 격차가 좁혀지지 않는 이유를 이론적으로 설명한 폴 로머 교수의 **내생적 성장이론**[8]이나 장하준 교수의 『사다리 걷어차기』 등이 세계 정치경제사의 본질을 잘 짚

7. 경쟁자의 전략에 대응해 최선의 선택을 하면 서로가 자신의 선택을 바꾸지 않는 일종의 균형 상태를 보이게 되는 것을 말한다. 1994년 노벨 경제학상 수상자 존 포브스 내시John Forbes Nash의 이름을 딴 이론으로, 지나친 경쟁은 전체의 이익에 도움이 되지 않으며 한 사람이 아닌 모두가 승리하는 경우의 수를 도출하는 것이 중요하다고 주장한다.

8. 거시경제학의 성장 이론 중 하나. 경제 성장의 원인은 외부가 아닌 내생적 결과물이라는 이론으로, 기술진보와 지식의 축적이 장기적인 경제성장을 이끈다고 주장한다. 따라서 개발도상국들이 시장 개방을 통해 어느 정도 선진국을 따라잡을 수는 있지만 진정한 혁신 기술이 없다면 경쟁력을 잃는다며 국가 간 성장 격차가 발생하는 이유를 설명한다. 폴 로머 교수는 2018년 노벨상 경제학상을 수상했다.

은 것으로 보이는 이유이다. 물론 이를 인정하지 않는 **경제추격론자**[9]의 주장 역시 일리가 있긴 하다. 어찌됐건 지난 수십 년간 후진국들의 끊임없는 추격과 이에 대한 선진국의 견제, 좁혀졌다 벌어지기를 반복하는 선진국과 후진국 간의 격차가 세계 역사에 고스란히 남아있기 때문이다.

나는 여기서 말하는 '세계 역사', 다시 말해 선진국과 후진국 간의 경제 수렴론 대 반수렴론 담론을 고찰해보고자 한다. 왜냐하면 우리는 전후 70년 동안 세계화라는 신자유주의의 블랙홀을 경험하면서 예측 불가능한 수많은 변수와 싸워야 했기 때문에 수렴론 대 반수렴론을 역사적 맥락에 비춰 살펴보는 것도 의미가 있기 때문이다. 그리고 이 담론을 이해하기 위해서는 경제를 넘어 정치적 관점에서 살펴보아야 하며 특히 국제 무대의 역학을 이해하기 위해서는 더욱더 그렇다. 그럼 전후 세계적 발전 담론의 핵심에 자리했던 근대화론에서 출발해보자.

근대화 이론[10]이 전후 시대를 풍미했던 이유는 중남미를 비롯해 아시아와 아프리카 등 제2차 세계대전 이후 독립했던 후진

9. 후진국의 경제가 선진국의 경제를 따라잡게 되는 현상을 주창하는 학파를 말한다.
10. 선진국과 후진국 간의 경제적 격차에 대한 이론. 근대성을 바탕으로 발전을 설명하는 정치경제 이론으로, 서구의 역사적 경험을 근대화라는 보편적 발전 모델로 일반화하여 서구중심적 이론이라 비판받기도 한다.

국들을 사회과학적으로 이해해보려는 시도 때문으로 생각된다. 그리고 이를 주도한 것은 단연 미국이었다. 미국의 수많은 연구자들은 경제학과 사회학, 정치학 심지어 심리학에 이르기까지 근대화론을 학제간 이론으로 발전시켰고, 더 나아가 후진국의 근대화 프로젝트에까지 깊숙이 관여했다. 이를 보면 근대화론은 태동부터 미국의 제3세계 통치와 깊이 연관되었다는 걸 알 수 있다. 실제로 당시 전후 근대화론 관련 논문이나 저서 등은 대부분 미국 정부의 전폭적인 자금 지원을 바탕으로 출판됐다.

예컨대 미국 매사추세츠 공대MIT 부설 연구기관이었던 국제연구센터Centre for International Studies는 당시 총장이었던 제임스 킬리안 박사에 의해 조직됐는데, 일명 '프로젝트 트로이'라는 미국방부의 일급 비밀사업을 추진한 것으로 보인다. 이 연구기관은 미국 정부에 '트로이 리포트'를 제출했는데 여기에는 '공산주의의 확장 저지를 위해 군사력이나 선전과 같은 채찍과 아울러 경제적 당근을 제시해야 한다'는 내용이 들어 있었다고 알려진다. 즉 미국은 근대화론을 당시 소련과의 체제 경쟁의 일부로 활용했던 것이다.

이러한 노력 끝에 미국은 세계 패권을 거머쥐게 되었다. 냉전이 끝난 지금 미국은 전 지구를 아우르는 그들만의 제국을 건설했다고 해도 과언이 아니다. 그들이 주도하는 자유주의의 세계질서를 통해 말이다. 흥미로운 점은 미국은 과거 제국주의 시대의 열강들처럼 식민지를 건설하거나 다른 주권국가들을 지배하는 등 무력으로 정복하지는 않았다(물론 베트남전이나 걸프전 등 몇 번의 전쟁을 치루긴 했지만). 오히려 근대화론을 발판 삼아 자유시장과 민주주의 등을 세계 각국의 제도 속에 내재시켰을 뿐이다.

80년대에 들어서면서 미국의 헤게모니는 더욱 공고해졌고 이런 신자유주의의 마력은 자유무역, 시장 개방, 규제완화, 복지 축소 등의 이데올로기 아래 수많은 구조조정 프로젝트로 이어졌다. 따라서 대부분의 국가는 복지제도 위축이라는 불가피한 정책적 선택을 강요받았고, 기업의 경쟁력을 강화하기 위해 조세와 규제를 줄이기에 이르렀다.

그 결과 수많은 국가가 영미식과 유사한 자유주의 시장경제 체제를 받아들였고 이런 신자유주의는 곧 글로벌스탠더드로 자리매김하게 됐다. 우리나라 역시 북한과 체제 경쟁을 했던 지난 세월을 돌이켜 보면 이런 세계적 발전 담론의 추세 속에서 예외는 아니었다. 즉 미국 주도의 신자유주의적 세계화는 수많은 국가들의 경제체제나 경제성장의 정도를 어느 정도 수렴시킨 것으로 보인다.

한편으로는 이러한 세계적 정책 기조 하에 여러 국가에서 지역 공동체가 해체되는 불행한 결과를 가져왔고, 또한 과도한 경쟁 원리에 따라 왜곡된 자원배분 즉 분배구조와 공정성 그리고 형평성의 악화로 이어지기도 했다. 예를 들어 **조셉 스티글리츠**[11] 교수는 90년대 세계 전체 소득은 연평균 2.5퍼센트 증가했지만 빈곤인구는 1억 명이나 늘었다며 세계화는 후진국에게 애초에 약속한 경제적 이득을 가져다주지 못했다고 꼬집는다.

제프리 삭스[12] 교수 또한 20세기 말 북미와 유럽 그리고 동아시아의 부국들은 대부분 경제성장 측면에서 큰 성공을 거둔 반면 후진국 45개국의 1인당 국내 총생산은 마이너스 성장을 보였다고 실증적으로 밝혀냈다.

쉽게 말해 세계화는 소비재 및 서비스 업종에서 기업 간의 경쟁을 끊임없이 가중시킴과 동시에 인적자원은 국경을 초월하여 쉽게 공유시켰다. 이 말은 일부 국가들은 값싼 노동력의 혜택을 누리며 경제적 생산성 증가로 이어졌지만 다른 일부에서는 생산비용과 투자이윤이 떨어져 복지제도 위축 곧 경제·사회적 불평등을 겪어야만 했다는 의미이다. 보다 근본적으로 세계화는 국경 없는 자본과 자원, 영토 없는 통치를 가능케 했다 해

---

11. 노벨 경제학상을 수상한 세계적 석학. 미국이 주도하는 세계화를 가차 없이 비판하고 개도국이나 빈곤국을 옹호하는 등 주류 경제 권력의 잘못된 행태에 대해 쓴소리를 아끼지 않는 것으로 유명하다.
12. 하버드대를 거쳐 컬럼비아대 교수로 재직 중인 세계적 경제학자. 국제금융에 대한 연구로 명성을 얻었으며 IMF와 세계은행에 대한 비판적 입장으로 잘 알려져 있다.

도 무리는 아니다. 즉 세계화는 국가 간 그리고 국가 내에서 승자와 패자를 극명히 나누는 압력으로 작용했던 것이다.

전후 근대화 과정부터 신자유주의적 세계화에 이르기까지 전 세계 여러 후진국들은 폭발적인 경제성장을 기반으로 선진국과의 성장 격차를 좁혀왔던 것도 사실이다. 신자유주의적 세계화가 내포하고 있는 획일성 덕택이라 하겠다. 하지만 그들의 따라잡기 전략은 수많은 사회 갈등을 유발시켰고 이는 종종 '잠시의 만족'으로 강등되며 결국 선진국과의 격차가 더욱 벌어지는 결과를 낳기도 했다. 그리고 너무나도 위협적으로 추격했던 이들은 앞서 설명했듯이 선진국들의 치졸한 견제에 시달린 적도 많았다.

이렇듯 지난 세월 세계화라는 강력한 소용돌이는 수렴론자들의 주장을 기조에 깔고 있는 것과 동시에 한편으로는 승자와 패자를 나누려는 거부할 수 없는 마력을 지녔다 하겠다. 즉 이런 세계화의 양면성을 정치경제적 관점에서 살펴보아야만 수렴론 대 반수렴론 담론을 이해할 수 있는 것이다.

- 매일경제 2019. 5. 2.

세계화의 복잡성을 생각하다

미국 주도의 신자유주의는 세계화라는 블랙홀에 힘입어 신제국주의를 부활시켰다. 수많은 국가들은 미국식 시장경제 체제를 받아들이며, 전 세계는 하나의 신자유주의 체제로 수렴되는 듯했다. 일부 후진 국가들은 근대화 과정 속에서 그들 사회 내부에 깊숙이 내재된 전통성과 선진국이 전수해준 근대성 간의 치열한 충돌을 극복하며 진화했고 선진국의 발전 노하우를 효율적으로 전수받은 이들은 세계화 경쟁에서 비로소 승리를 거머쥘 수 있었다. 어찌 보면 이들은 외부로부터의 근대성을 사회 내부로 받아들이는 적응력이 남달랐던 것 같다.

하지만 신자유주의적 세계화의 경쟁 속에서 일부 후진국들은 패배를 경험해야만 했고 이는 곧 거대한 사회적 혼란으로 이어졌다. 그리고 날이 갈수록 치열해지는 세계화 전쟁 속에 실패한 이들 그룹 내에서도 '더 실패한 자'가 생겨났다.

그럼 신자유주의적 세계화의 물결 속에 이미 근대화를 거쳤던 선진국들은 어떤 경험을 했을까. 흔히 복지국가로 대변되는 유럽 국가를 살펴보면, 세계화를 통한 개방경제 체제를 지향할수록 복지제도가 더욱 발전해왔음을 볼 수 있다. 외부로부터의 신자유주의적 이데올로기는 이들 국가로 하여금 자국 산업의 경쟁력 강화를 위한 노사 안정과 임금 억제를 추진하게 만들었다. 대량실업과 빈부의 격차 등 세계화에 따른 여러 경제·사회적 부작용을 완화시키고자 더욱 강화된 복지정책을 펼쳤던 것이다. 또한 지속 가능한 경제 성장을 이끌어내기 위해 생산성을 향상시키고 투자 유인을 높이기 위한 교육·인력자원 개발과 산업 인프라 역시 확대해야 했기 때문에 신자유주의적 세계화의 의도와는 다르게 오히려 국가의 역할은 커져만 갔다.

쉽게 말해 세계화 초기에는 전 세계를 신자유주의 체제라는 하나의 축으로 획일화시켰기에 '후진국의 선진국 따라잡기'라는 수렴론은 매우 설득력 있어 보이는 발전 담론임에 틀림없다. 하지만 세계화가 심화되는 과정에서는 수많은 변수 간의 상호복합적 충돌이 수반되기 때문에 세계는 수렴론자의 의도대로 움직이지 않은 듯하다.

어쩌면 수렴론자는 세계화가 국가와 복지에 미치는 영향만을 너무 강조한 나머지 시장과 복지 간에 상호 복합적 역학을 간과했던 게 아닐까. 또한 이들은 생산성 향상을 위한 투자 동인으로 저임금과 저세율 그리고 규제완화 등의 논리로만 풀어 보려 했던 것은 아닐까. 실제 여러 국가 내의 경험적 사실은 이 논리보다는 노동력의 질, 사회 간접자본의 질, 시장의 접근성, 정치적 안정성 등이 더 중요했다는 것을 증명하고 있다. 이렇듯 수렴론 대 반수렴론 논쟁은 명확히 어느 한 쪽을 선택할 정도로 그리 단순하지 않다.

그렇기 때문에 나는 선진국과 후진국 간의 수렴이냐 아니냐를 이야기하기보다는 신자유주의적 세계화가 국가 내에 미친 영향, 즉 국가 내 계층 간의 수렴론 대 반수렴론에 대해 더 관심이 간다. 무역과 자본 그리고 기술발전이라는 대표적인 세계화의 매개를 통해 국가 내 수렴론의 동학에 대해 살펴보자. 이번에는 후진국을 대상으로 전개해보고자 한다.

먼저 무역의 세계화를 살펴보겠다. 국제무역이 우리에게 가져다주는 이점은 굳이 설명하지 않아도 될 것이다. 선진국과 후진국 간의 재화 생산의 기회비용의 차이에서 착안한 애덤 스미스의 **절대우위**[1] 무역이론에서부터, 이를 반박하며 오늘날 상호무역의 근간으로 여겨지는 데이비드 리카도의 **비교우위**[2] 무역이론, 그리고 보호무역주의의 이론적 뼈대이기도 한 **스톨퍼-사**

---

1. 국제 분업에 관한 고전적 이론 중 애덤 스미스의 '절대적 생산비설'에 따라 어떤 재화의 생산비용이 다른 나라보다 낮을 때 그 나라가 국제 분업상 갖는 위치를 말한다.

뮤엘슨 정리[3] 등에 이르기까지 무역의 장단을 담고 있는 이론이나 가설은 무수히 많다.

경제 성장을 위한 국제무역의 역할이라는 세계적 합의를 인정한다면, '세계화로 인한 국제무역의 활성화는 후진국의 극심한 빈곤을 해결하는데 일조했다'라는 주장을 흡수하는데 큰 어려움은 없을 것이다. 어찌 보면 구조주의 경제학적 관점에서 후진국의 빈곤의 악순환을 설명한 **래그나 넉시**[4]의 이론이 국제무역 세계화로 인해 점차 희미해졌을지도 모른다는 생각이 든다.

하지만 문제는 앞서 다뤘듯이 반대편 주장도 만만치 않다는 점이다. 이들은 국제무역을 통해 국가 평균소득이 증가했음을 인정하면서도 이 증가가 가구의 평균적 생활수준 향상으로 이어지지는 않는다고 말한다. 대개 빈곤층일수록 국제무역의 혜택과는 거리가 멀기 때문에 오히려 무역의 세계화는 국가 내 양극화를 심화시키고 있다는 것이 이들 논리의 핵심이라 하겠다.

---

2. 국제 무역에서 한 나라의 재화는 다른 나라의 재화에 비하여 절대우위가 아니더라도 상대적인 우위를 가질 수 있다. 따라서 각국은 비교우위를 가진 분야에 특화하여 다른 나라와 무역을 하는 것이 바람직하다는 이론.
3. 노동자의 소득증대와 유리한 소득배분을 위하여 자유무역정책이 유리한가, 보호무역정책이 유리한가를 검토한 이론이다. 미국 노동자의 실질 임금 수준이 저하되는 것을 방지하기 위해 수입되는 상품에 대해 보호관세를 부과해야 한다고 주장했다.
4. 개발도상국 경제 부진 원인을 1차 산업 수출 저조와 빈곤의 악순환에 있다고 보고, 이를 극복하기 위해 각 산업이 수요에 대응하는 균형적 성장을 이뤄야 한다고 주장한 미국 경제학자.

그렇다면 자본의 세계화는 어떨까. 실제로 오늘날 전 세계 금융거래는 무역거래의 50배를 웃돌고 있다. 즉 자본의 세계경제 파급력은 어마어마하다고 볼 수 있다. 이런 거대자본은 대부분 선진국에서 나오는데 만약 막대한 자금이 후진국으로 유입되는 상황을 가정해보면 문제의 본질을 이해하는데 도움이 될지도 모르겠다. 나는 논리를 다소 단순하게 펼 것인데, 단순한 만큼 이해도 쉬울 것이다.

예컨대 선진국의 거대 자본이 후진국으로 유입되면 대체로 고금리와 고환율로 연결되는 경향이 있다. 이는 곧 후진국의 수출산업에 부정적인 영향을 끼치게 된다. 앞서 말한 바와 같이 국제무역이 후진국의 발전에 큰 역할을 하고 있음을 인정한다면, 거대 자본 유입으로 인한 수출산업의 경쟁력 약화 조짐은 비연속적인 경제성장 추세를 초래할 수 있으며, 만약 이런 흐름이 지속되면 기존 무역 업종의 노동력은 타 업종이나 타 산업으로 흡수될 것이다. 이런 노동력의 급격한 이동은 종종 대량실업으로 이어지기도 하고 여러 형태의 사회 혼란을 초래하기도 한다. 심지어 여기서 말하는 자본이 자본집약적인 외국인 직접투자의 형식을 띠거나 또는 투기적 성향이 매우 짙다면 '자본의 논리'가 강력히 작용하기 때문에 국가 내 양극화를 심화시키는데 큰 영향을 미칠 것으로 생각된다.

마지막으로 살펴 볼 기술의 세계화는 '기술경제학' 내지는 '혁신의 확산'이란 개념과도 그 맥을 같이 한다고 볼 수 있다. 기술발전이 신신업과 신제품을 만들어내는데 큰 기여를 하고 이를 통해 수많은 일자리를 창출하는 등 기술발전과 후진국의 경제성장 간 양의 상관관계는 오랜 역사를 비추어 보았을 때 극명한 사실이다.

하지만 기술이 갖는 본래적 성질을 생각해 보면 국가 내 상황이 꼭 긍정적이지만은 않을 수도 있다. 왜냐하면 기술의 세계화는 숙련 기술에 대한 프리미엄을 증대시키는 경향, 이른바 기술의 숙련 편향적 특징을 내재하고 있기 때문에 가난하고 못 배운 사람에게는 그리 이롭지 않을지도 모른다. 동시에 기술의 세계화는 정형 편향적 성격 또한 내포하고 있기 때문에 중산층 노동자들이 많이 포진하고 있는 반복적 업무 영역을 대체하는 경향을 띤다. 이는 오늘날 수많은 국가에서 나타나는 중산층의 몰락 현상과도 무관하지 않다. 즉 기술의 세계화는 일부 후진국가 내 소득불평등과 양극화 현상을 심화시키는 주요 동인으로 작용하고 있는 것이다.

사실 기술발전은 무역과 자본이라는 세계화적 관점의 지평을 여는데 무엇보다도 큰 영향을 미쳤다. 이 모든 세계화의 속도를 가속화시키거나 완화시키는 등 기술의 세계화는 국가 내 모든 분야에 걸쳐 긴밀한 관계를 구축하고 있기 때문에 이를 분석하는 것은 무엇보다도 중요하다 하겠다. 특히 다가오는 4차 산업혁명 시대에는 기술의 세계화를 넘어 융합의 초세계화, 즉 언제 어디에나 존재한다는 의미의 **유비쿼터스화**ubiquitization[5]가 거의 모든 분야에서 관찰될 것으로 보인다. 이처럼 무역과 자본 그리고 기술의 동학을 세계화의 흐름과 연결시켜 면밀히 살펴보는 것은 후진국가 내의 수렴론 대 반수렴론의 담론 논쟁을 이어가는데 매우 효과적이다.

- 매일경제 2019. 5. 9.

5. 사람과 컴퓨터, 사물을 네트워크로 연결하고 실시간 정보를 주고받을 수 있게 하는 컴퓨터화를 말한다.

파괴적 혁신이냐, 점진적 혁신이냐

이번에는 선진국의 동학을 살펴보자. 신자유주의적 세계화의 흐름 속에 선진국들은 어떻게 변화해왔는가. 즉 수렴화되었는지 오히려 그 반대였는지를 살펴보고 이를 통해 우리가 생각해볼 문제는 무엇인지 고찰해 보는 것도 의미가 있겠다. 먼저 결론부터 이야기하면, 획일화될 줄 알았던 이들의 자유시장경제 체제는 오히려 다양화된 것으로 보인다.

지금으로부터 30년 전, **에스핑 안데르센**[1]은 **탈상품화**[2], 사회계층화, 국가와 시장개입 여부 등을 기준으로 선진국의 복지체제를 세 가지 유형으로 구분 지었다. 첫 번째 유형은 미국·캐나다·호주 등 소득조사에 의한 공공부조 정책을 강조하는 자유주

1. 복지국가 연구로 잘 알려진 덴마크 출신 사회학자.
2. 복지국가의 급여가 하나의 권리로서 지급되어 개인이 시장에 의존하지 않고 생계를 유지할 수 있는 상태를 의미한다.

선진국 지도자들

의적 복지국가liberal welfare state이고, 두 번째 유형은 프랑스·독일·오스트리아 등 사회보험을 강화해 사회적 지위 차이를 유지하는 것을 강조하는 조합주의적 복지국가corporatist welfare state이며, 스웨덴·덴마크·노르웨이 등 탈상품화의 효과로 인한 사회적 평등과 사회연대성을 강조하는 사회민주주적 복지국가social democratic welfare state가 그 세 번째 유형이다.

에스핑 안데르센의 유형화 연구는 세계화의 거센 압박 아래 개별 국가의 국가·시장·가족이라는 사회제도의 삼각 틀이 지속적으로 변화했고 결국 개별 국가만의 독특한 사회체계가 만들어질 수밖에 없다는 것을 방증하고 있다. 앞서 다뤘던 후진국 내의 전통성과 근대성 간의 충돌 논리와 유사하다고 볼 수 있다.

이러한 사회체계를 통한 복지국가의 유형화에 대한 연구는 지속적으로 이어졌고, 21세기 들어서야 비로소 경제 생산체계의 관점에서 유형화 작업이 이루어졌다. 오늘날 비교정치경세론의 경전으로 인정될 법한 홀과 소스키스의 이론, **자본주의의 다양성**varieties of capitalism[3]이다. 이는 그동안 정치경제학 분야에서 다소 분산 전개돼온 논의들을 신제도주의라는 하나의 이론 틀로 집대성했다는 점에서 학문적 가치가 크다고 할 수 있겠다.

홀과 소스키스는 각국별로 상이한 생산 레짐production regimes이 있다고 보았고 이를 기준으로 선진국의 자본주의를 두 가지 유형으로 구분했다. 미국·영국·호주 등을 자유시장경제liberal market economies로 분류했고, 독일과 북유럽 국가 그리고 일본 등은 조정시장경제coordinated market economies 체제를 갖추고 있다고 보았다.

여기서 말하는 생산 레짐이란 기업의 생산과정에 직·간접적으로 연계된 다양한 제도들의 조합을 말한다. 쉽게 설명하면 기업은 내적으로는 피고용자, 외적으로는 부품 공급자, 고객, 협력기업, 노조, 정부 등과 복잡한 관계를 맺고 있기 때문에 기업 활

3. 피터 홀과 데이비드 소스키스 옥스퍼드 교수는 2001년 『자본주의의 다양성』이란 저서에서 자본주의 체제를 성장, 효율성, 경쟁을 강조하는 자유시장경제와 분배, 형평, 복지 등의 가치를 중시하고 국가가 약자의 편에서 시장을 조정하는 조정시장경제로 분류했다.

동은 수많은 협의와 조정을 거치게 된다는 것이다. 특히 이런 협의와 조정의 영역으로는 노사관계와 고용체계, 기업지배 구조, 기업간 관계 등이 포함되는데 기업이 이 영역들을 '시장적'으로 해결하는가 아니면 '비시장적'으로 해결하는가에 따라 위 두 가지 자본주의의 모델이 출현하게 된다고 한다.

그리고 각국의 역사적 특수성과 시장기제의 제도적·사회적 배태성 그리고 제도적 상호보완성 등에 기반해 기업들의 대응 스타일이 결정되는 경향이 있고, 이는 **경로의존성**[4]을 띄게 된다고도 설명한다.

예컨대 자유시장경제로 분류된 국가의 기업은 위계조직과 경쟁적 시장제도, 공식적 계약을 통해 협의와 조정의 문제에 접근하는 반면 조정시장경제의 기업은 광범위한 관계적 계약, 내부자들 간의 정보교환에 기반한 네트워크 감독, 협력적 관계 구축 등 비시장적 방식을 통해 문제에 접근하는 경향을 띤다. 전자의 대표적인 사례는 미국이고 후자의 사례는 독일을 들 수 있다. 이렇게 각각 미국과 독일로 대변되는 자유시장경제와 조정시장경제 체제는 각기 차별적인 제도적 비교우위institutional comparative advantage를 갖는다.

---

4. 한 번 일정한 경로에 의존하기 시작하면 그 경로가 비효율적이라는 사실을 알고도 벗어나지 못하는 경향성을 뜻하는 사회심리학적 개념.

전자 자본주의는 빠르게 변화하는 기술 부문이나 연구개발에 기반한 신속한 제품개발이 요구되는 분야, 더 나아가 생명공학, 반도체, 소프트웨어, 통신, 군수, 항공, 금융, 엔터테인먼트 등 급진적 혁신이 요구되는 분야에 유리할 것이다. 그 이유는 이윤에 바탕을 둔 금융제도, 유연한 노동시장, 기업 간 시장경쟁적 관계의 제도 배열을 갖추는 경향을 보이기 때문이다.

반면 후자 자본주의는 기계, 공장설비, 내구 소비재, 엔진, 전문화된 운송설비 분야와 같이 생산 과정의 지속적 개선과 제품의 경쟁력 강화, 다각화된 품질 생산방식 등 점진적 혁신을 요구하는 분야에서 제도적 비교우위가 있을 것이다. 후자로 구분된 국가들의 시장경제 시스템은 노동자의 안정된 고용, 기업(또는 산업) 특수 기술에 기반한 지속적인 숙련 학습체계, 하청기업과의 긴밀한 생산협력과 같은 제도 배열을 갖고 있기 때문이다.

여기서 말하는 급진적 혁신과 점진적 혁신은 기업인들에게는 너무도 익숙한 말이다. 경영학에 '존속적 혁신sustaining innovation'이라는 용어가 있는데 시장의 리더가 된 기업은 우월적 지위를 유지하고자 동일 혹은 연관 분야에 투자를 지속하는 경향이 있다. 그 결과 기술혁신은 조금씩 꾸준히 향상되지만 가격 또한 지속적으로 상승하기 때문에 어느 시점이 되면 소비자는 필요치 않을 정도의 높은 기술에 값비싼 대가를 지불하기를 꺼리게 된다. 급기야 이 기업의 상품은 시장으로부터 외면받게 되는데 이때 시장은 새로운 혁신에 주목하기 시작한다. '파괴적 혁신distruptive innovation'이 등장한 것이다.

이는 존속적 혁신에 상대되는 뜻으로, 진에는 보잘 것 없는 수준의 기술력이었지만 예상치 않던 분야와의 기술융합을 통해 전혀 다른 모습으로 시장에 재등장하고 결국 시장 전체를 장악하는 혁신을 말한다. 예컨대 한때 DVD 대여 서비스를 하던 넷플릭스는 비디오 스트리밍 시장을 만들어내며 전 세계 시장을 장악하고 있다. 얼마 전 넷플릭스의 시장 가치는 월트디즈니를 넘어섰으며, 여론조사 업체 '유고브'에 따르면 최근 미국 내 브랜드 호감도 조사에서 당당히 1위를 차지했다.

이런 특색이 제도 저변에 내재돼있기 때문에, 미국은 파괴적 혁신을 창조하고 신속한 제품개발이 필요한 반도체 산업 등에서 눈부신 발전을 이뤄내고 있다. 반면 독일은 제조업에서 존속적 혹은 점진적 혁신을 통해 세계적으로 경쟁력 있는 중소기업들을 꾸준히 배출할 수 있는 것이다. 이는 오늘날 독일 경제의 튼튼한 버팀목이 되고 있는 수많은 중소기업, 즉 '히든 챔피언'의 존재로도 뒷받침될 수 있다.

- 한겨레 2019. 5. 9.

우리 자본주의가 나아갈 길, 합의제 조정시장경제

우리 대한민국의 자본주의 체제는 어느 쪽일까. 민주화 이전과 이후로 구분해 볼 필요가 있는데, 민주화 이전의 한국 경제는 조정시장경제 체제에 가까웠다. 좀 더 자세히 말하면 이 체제도 '국가 주도'와 '합의제' 이렇게 두 가지 유형으로 나뉠 수 있는데 우리는 전자였던 것 같다. 이른바 발전주의형 조정시장경제 체제라 말하는 게 보다 정확한 표현일 것이다.

그리고 합의제 유형은 앞서 설명했던 독일이나 스칸디나비아 국가(스웨덴, 노르웨이, 덴마크, 아이슬란드, 핀란드) 등 북유럽 국가들의 경우로 볼 수 있다. 이 국가들에서는 시장의 협의와 조정이 주로 노사정(노동자·사용자·정부) 중심의 사회 조합주의 방식으로 이루어지기 때문에 '합의제 조정시장경제' 체제라 불린다.

민주화 이후 특히 김영삼 정부부터 본격적으로 신자유주의를 받아들이면서 우리 사회는 미국식 자유시장경제 체제에 점점 가까워졌다. 노무현 정부 때부터 최근까지도 정쟁의 중심에 자리했던 한미 FTA(자유무역협정)는 신자유주의적 세계화의 상징 그 자체라 말할 수 있다. 이후 이명박 정부가 다른 건 몰라도 이 대외 경제정책만큼은 충실히 계승하는 과정에서 불거진 미국과의 쇠고기 협상 문제는 국가 주도의 신자유주의적 세계화에 대한 시민사회의 극렬한 저항의 대표적인 예시가 될 수 있겠다. 이외에도 공교육과 사교육 간 무한경쟁, 물과 전기 등의 공공부문 민영화 정책 등 자본주의의 효율성과 민주사회의 공공성 간의 치열한 논쟁은 언제나 그랬듯 현재 진행형이라 하겠다.

어찌됐건 우리나라는 신자유주의적 세계화의 물결 속에 발전주의형 조정시장경제와 자유시장경제 체제를 구축해오며 전후 폐허에서 한강의 기적을 일궈내지 않았던가. 하지만 너무도 빨리 달려온 탓일까. 오늘날 우리의 시대정신은 양극화와 비정규직의 문제 등 오랜 기간 신자유주의화로 인해 누적된 수많은 경제·사회적 폐해와 부작용을 해결하는 것으로 집약된다.

혹자는 우리 사회가 이미 심각한 사회통합의 위기를 맞았다고 말한다. 그래서일 것이다. 근래 학계나 전문가 집단 특히 시민사회단체에서 신자유주의 대안 모델을 찾아야 한다며, 자유시장경제 체제에서 다른 체제로 경제를 전환시켜야 한다는 목

미국이 주도하는 세계 질서에 반기를 드는 시위 모습

소리를 높이고 있는 까닭이. 이들이 하나같이 말하는 건 아마도 합의제 조정시장경제 체제 혹은 그와 유사한 체제로의 전환을 말하는 것으로 생각된다.

여러 차기 대권주자들이나 유력 정치인들이 독일이나 스웨덴 등지를 다녀오면서 '무언가 배웠다'고 언론과 인터뷰하는 장면은 그리 낯설지 않다. 아마도 그들의 고민의 핵심은 이런 것 같다. 우리 경제 저변에 깔려있는 제도 장치는 자유시장경제에 특화된 제도적 상호보완성이 강력하게 작용하는 방식일 것이다. 하지만 1997년 IMF 외환위기를 경험하고 이어서 2008년 미국 발 경제위기로 인해 세계 경제의 근간이 흔들리는 모습을 지켜보며 무언가 변화가 필요하다는 것을 직관적으로 깨닫게 되었다. 그래서 주변을 돌아보니 합의제 조정시장경제로 대변되는 독일 등 일부 유럽 선진 복지국가가 눈에 띄었고, 그들 사회 체계 내부를 보면 대기업과 하청업체 간의 긴밀한 생산협력 관계, 노동자의 안정된 고용계약이 보장되는 등 오늘날 우리 사회가 절실히 요구하는 시대정신에 부합하는 것으로 보인다.

한편으로는 미국과 같이 파괴적 혁신이 창조될 수 있는 제도적 근간도 당연히 필요하다. 특히 다가오는 4차 산업혁명 시대를 그려보면 더욱 그렇다. 그래서 지난 십 년간 끊임없이 반복됐던 '창조경제'니 '혁신성장'이니 하는 슬로건이 〈무한도전〉의 유행어만큼이나 친숙하다.

대부분 그렇게 생각하겠지만 나 역시 우리 사회에는 파괴적 혁신을 담아낼 수 있는 자유시장경제 체제와 노사정 상생을 가능케 하는 합의제 조정시장경제 체제 둘 다 절실하다고 믿는다. 현재 우리 자본주의 체제는 아직까지는 자유시장경제에 가까워 보이지만, 자본주의의 견고한 틀 안에서 조금씩이나마 조합주의적 복지국가 내지는 사회민주적 복지국가, 특히 합의제 조정시장경제로의 전환이 이루어지고 있으니 그나마 다행이라 하겠다.

우리나라 산업 구조는 사실 일부 첨단산업과 서비스산업 등에 제도적 비교우위를 갖는 미국식 자본주의보다는 IT 등 첨단 제조업 분야 등에 강점을 보이는 북유럽 강소국들의 자본주의 유형에 좀 더 가깝다. 그 이유는 우리 기업들이 세계시장에서 우위를 점하고 있는 분야가 중화학 공업이나 IT 산업에 특화된 기술이 요구되는 분야이기 때문이다. 그런데 독일이나 스웨덴 역시 동일한 분야에서 세계적 경쟁력을 보유하고 있다는 점은 주목할 만하다. 하지만 그들은 협력적 노사관계와 노동의 안정적 확보가 보장돼 있지만 우리는 그렇지 않다는 점이 씁쓸하다고 할까.

과거 여러 사례를 돌이켜 볼 때 이러한 자본주의 체제 전환이 불가능한 것은 아니다. 지난 세기에만 해도 세계 최고의 자유화 사례로 여겨진 뉴질랜드의 경제체제는 21세기를 넘어서면서 조세, 노동, 복지 등 여러 공공부문에서 미국식 자유시장경제 체제에 역행하는 모습을 보였다. 심지어 신자유주의 본산지이기도 한 영국에서도 한때(1998년) 신자유주의와 사회민주주의 사이에 자리할 법한 '사회투자국가론'이 각광을 받기도 했다.

어찌 보면 오늘날 신자유주의 즉 자유시장경제 체제는 '미국식'이라기보다는 '미국에만 존재하는' 체제라고 표현하는 게 더 적합하지 않을까 싶다. 미국의 우방국들 가운데서도 기존 자유시장경제 체제를 변형하거나 새로운 체제, 즉 제3의 길을 모색하는 움직임이 포착되는데, 이는 소득불평등이나 양극화 등 사회 격차를 해결할 수 있는 자본주의 체제를 찾아보려는 노력이라 하겠다. 그렇기에 자본주의의 다양화라는 세계적 추세는 앞으로도 지속될 것으로 보인다.

자본주의는 개별 국가만의 역사적 특수성과 시장기제의 제도적, 사회적 배태성 그리고 제도적 상호보완성 등을 반영하며 아주 서서히 진화하기 때문에 자본주의 체제 전환에는 정치·경제·사회·문화적으로 잡음이 없으려야 없을 수가 없다. 우리 경제는 자유시장경제 체제 아래 오랜 기간 동안 형성된 우리만의 제도 배열 구조가 강력한 경로의존성을 띠기 때문에 이를 거스르는 새로운 제도의 형성과 배열에는 여러 가지 혼란이 불가피함을 인정해야만 한다. 그래서 소득 주도 성장이니 혁신성장이니 하며, 성장 대 분배 또는 **낙수효과**[1] 대 **분수효과**[2] 등 케케묵은 담론 논쟁이 다시 부활하고 있는 것이다. 어찌 보면 경제체제의 전환 노력에 수반되는 경제·사회적 혼란과 정쟁 등은 우리가 감내해야만 하는 경제의 체질 전환 비용이 아닐까 하는 생각이 드는 대목이다. 분명 우리가 치러야 할 비용이 만만치 않을 것이다.

---

1. 고소득층의 소득 증대가 소비 및 투자 확대로 이어져 저소득층의 소득도 증가하게 되는 효과.
2. 저소득층의 소득 증대가 총수요 진작 및 경기 활성화로 이어져 고소득층의 소득도 높이게 되는 효과.

우리가 나아가고자 하는 합의제 조정시장경제 체제는 혁신 성장을 절대 무시해서는 안 되므로 특정 분야에서는 고용의 유연성을 강조하면서도 세계적 추세에 맞게 사회 격차 문제를 해결할 수 있는 체제여야 한다. 또한 형평성과 효율성 간의 합의, 복지의 정도에 대한 합의가 필요하며, 무엇보다 이 모두는 동등한 파트너십 아래 사회 구성원 스스로가 직접 합의하는 구조여야만 한다. 국가는 이러한 합의 과정에 깊게 관여하지 말고 단지 이 모두가 공정하고 정의롭게 진행되는지만 관찰하길 바란다.

- 한겨레, 2019. 6. 14.

한국형 지속가능발전을 위한 시도

오늘날 우리 대한민국의 시대적 과제는 무엇일까. 내 생각은 이렇다. 먼저 외적으로는, 초강대국들 사이에서 신냉전을 재촉하는 요인을 억제하고 평화적 수단을 통해 통일 한국을 이룩하는 것이다. 지금도 북한과 정치통합까지는 무리더라도 일정 수준의 경제통합을 갈망하는 요구가 적지 않다.

내적으로는 공정하고 평등한 사회, 특히 불평등이 해소된 사회를 만드는 것이다. 이는 비단 소득불평등에만 그치는 것이 아니라 정치적 불평등, 남녀불평등, 환경 불평등 등 다변적 관점의 불평등을 말한다. 그리고 다변적 관점의 접근이 가능해지려면 제도 개혁이 불가피하다.

예컨대 지방분권 개헌을 통한 접근 방식이 있겠고, 청년이나 노년층 등 이른바 사회적 약자를 위한 기본소득 도입 역시 면밀히 검토해야 한다. 소득불평등 해소를 위한 실질적인 정책 대안은 무수히 많은 것이 사실이다.

위 두 가지 시대적 과제를 보다 거시적이고 통합적으로 담아낸 담론이 바로 지속가능발전론이다. 동북아 평화를 추구함과 동시에 우리 사회에 내재된 나변적 불평등 문세를 해결함으로써 혁신적 경제성장과 사회적 공정분배를 이끌어낼 수 있는 '한국형 지속가능발전'이 바로 우리 사회가 갈망하는 그 무엇인 것이다.

하지만 이 과제를 정책으로 승화시키려면 현 정책 프레임워크에 대한 근본적인 개혁이 필요하다. 무엇보다도 효과적인 제도적 배열이 시급하다. 예컨대 환경부나 고용노동부의 정책 예산이 기획재정부 자체의 정책 우선순위에 밀리면 안 된다. 기획재정부의 정책 집행이 청와대의 정책 기조에 좌지우지되는 것은 더더욱 안 된다. 이는 우리 사회에 오랜 기간 쌓여온 정책 신드롬이라 볼 수 있으며, 정책 불협화음이 종종 중앙부처 간 힘겨루기로 비춰졌던 이유이기도 하다.

이를 돌파하기 위해서는 한국형 지속가능발전을 위한 중앙기획기관이 필요하다. 이 기관은 대통령직속 청년위원회, 4차산업혁명위원회, 민주평화통일자문회의, 일자리위원회, 자치분권위원회 등 기존의 대통령 직속 기구들과는 차별화돼야 한다. 또는 52개(18부처 5처 17청/ 2원 4실 6위원회)의 중앙부처에 추가로 설립하더라도 기관장은 적어도 부총리급 이상으로 임명해야 한다. 왜냐하면 이 기관은 통일 한국을 향한 비전과 관련해 통일부나 외교부 등과 정책 조율을 하는 동시에 경제·사회적 여파를 기획재정부나 고용노동부 등과 주도적으로 협의해야 하기 때문이다.

특히 다변적 관점의 불평등 문제 해결과 관련 있는 주무 부처의 정책과 예산을 심사할 수 있는 전권이 부여돼야만 한다. 이를 통해 혁신적 경제성장과 사회적 공정분배라는 두 가지 시대적 사명 아래 국가 지속가능발전의 우선순위에 근거해 최종 결정을 내릴 수 있어야 한다.

이 중앙기획기관의 설립 근거 및 역할이 청와대의 일부로 편입돼서는 안 된다. 그 이유는 정무적 역량은 이 기관이 갖춰야 할 여러 역량 중 하나일 뿐, 오히려 기술적 전문성이 보다 중요하기 때문이다. 따라서 몇십 명 갖고는 될 일도 아니다. 국내 유수 대학의 교수들이 한두 달에 한 번씩 모이는 정책협의체 정도에 머문다면 인력, 시간, 자원의 낭비가 될 것이 뻔하다.

가령 이 기관 소속 직원은 과학기술정보통신부가 추진하는 기술혁신 정책으로 인해 혹시나 초래될 소득불평등 문제를 완화시키기 위해 타 부처와의 정책 조율을 주선해야만 한다. 그러기 위해서는 부처 간 존재하는 수많은 정책 간 **트레이드오프** trade-off[1] 영향을 최소화시키고 시너지 효과를 극대화시키기 위한 '불평등 해소 정책 프레임워크'를 설계·집행할 수 있는 역량이 필요하다. 그러므로 정책 간 트레이드오프와 시너지 효과 분석을 주도할 수 있는 범 정책 분야의 전문가, 그것도 수백 명이 소속된 하나의 기획 기관을 말하는 것이다.

케인스도 이야기 했듯이 전혀 새로운 정책이란 세상에 존재하지 않는다. 그렇기에 정책은 타이밍의 문제이고, 국가는 광범위하게 다변화된 이해관계를 관리하며 효과적인 정책을 적재적소에 집행하기만 하면 된다. 예를 들어 물과 같은 수자원은 환경부만의 일이 아니다. 물은 환경 문제에서 더 나아가 국가 에너지정책은 물론, 심지어 상당수의 일자리와도 긴밀히 연결돼 있기 때문에 각 부처의 수많은 정책을 조율하고 이들 사이에 최고의 조합을 찾아내어 집행해야 한다. 물론 이런 체제가 익숙하지 않을 테니 초기에는 어쩔 수 없이 정책적 비용이 들 것이다. 하지만 이 비용보다 앞으로 우리가 얻게 될 효용이 더 크다는 것을 의심치 않는다.

지속가능발전을 위한 정책·제도적 실험에 성공한다면, 정권 차원의 성공을 넘어 전세계가 그토록 열망하는 포용적 성장이란 어젠다의 최전방에 서게 될 것이다. 이를 통해 실현될 21세기판 한강의 기적을 배우고자 하는 이들로 북적이게 될 것이다.

---

1. 두 개의 정책 목표 가운데 하나를 달성하려면 다른 목표의 달성이 늦어지거나 희생되는 경우의 양자 관계를 말한다.

특히나, 오랫동안 우리 사회에 이념적 논쟁이 돼온 성장 대 분배 또는 낙수효과 대 분수효과를 지속가능발전이라는 하나의 거대 담론에 효과적으로 담아낼 수 있을지도 모르겠다. 이는 단기적으로 비생산적이고 비효율적인 이념적 프레임에서 벗어나 중장기적으로 성장과 분배를 공존관계로 탈바꿈시키는 기회가 될 수 있을 것이다.

나는 가까운 미래에 우리나라가 인구 1억을 넘기며 내수시장만으로도 경제를 유지할 수 있는 국가로 성장할 것이라고는 보지 않는다. 또한 머지않아 통일이 이루어지고 북한의 성장 잠재력을 흡수하고 나아가 유라시아 대륙의 기운을 듬뿍 받게 되더라도 세계 최대 경제대국으로 부상할 가능성 또한 그리 높다고 할 수 없다. 물론 매우 이상적인 통일 한국의 길을 걸으며 우리의 지식과 자본, 그리고 북한의 풍부한 인력과 천연자원을 절묘하게 융합시킨다면 그리 불가능한 것도 아니지만 말이다.

하지만 인류 역사상 최초로 경제성장과 불평등, 두 마리의 토끼를 가장 분명히 잡아내며 케케묵은 성장과 분배라는 세계적 담론에 마침표를 찍은 국가로 후대 역사에 기록될 수는 있을 것 같다. 한국형 지속가능발전을 향한 정책적 실험을 성공시킨다면 말이다.

- 한겨레 2019. 7. 28.

세상에서 가장 까다로운 직업

지구상에서 가장 까다로운 직무를 수행하는 자리가 바로 유엔 사무총장직이다. 현 유엔 사무총장인 안토니우 구테흐스는 종종 언론에 친근한 동네 할아버지의 모습으로 등장하곤 한다. 특히 당선인 신분 당시 강경화 외교부 장관을 인수팀장(유엔 사무총장직 인수위원장 격)으로, 그 후에는 정책특별보좌관(유엔 사무차장급)으로 중용하며 국내 언론의 조명을 받기도 했다. 재작년 열린 G20 정상회의에선 문재인 대통령에게 "제 밑에 있던 직원이 대통령님 밑으로 간 부분에 대해 더 논의를 해봐야 할 것 같다"며 "강경화 장관을 뺏기면서 유엔이 많은 것을 잃었다"고 말해 웃음을 자아내기도 했다.

하지만 그의 온화한 미소 뒤에는 과거 군부 독재에 저항한 정치인으로서, 야당(사회당) 대표로서, 그리고 **포르투갈 총리**[1]로

1. 포르투갈은 분권형 대통령제를 채택하고 있다.

전쟁 방지와 평화 유지를 위해 설립된 국제기구 유엔 총회 모습

서 발휘한 변혁적 리더십이 있었다. 그러한 리더십은 그를 국내에만 머물게 하지 않고 **유럽이사회 의장**[2]과 유엔난민기구UNHCR 수장인 고등판무관(재임 2005~2015년)으로까지 연결시켰다. 특히 유엔난민기구 재임 시 본부 규모를 대폭 축소하고 난민구호 현장 인력을 확대하며 현장의 중요성을 무엇보다 강조했다. 또한 선진국들이 보다 많은 난민을 수용토록 인도주의 리더십을 발휘하면서 '난민의 아버지'라 불리기도 했다.

2. 유럽연합을 대표하는 최고 직책으로, '유럽연합의 대통령'이라 별칭하기도 한다.

국제사회가 이런 그의 업적을 인정한 것일까. 2016년 치른 유엔 사무총장 선거에서, 최초로 여성 총장이 탄생할 거란 인식이 팽배했음에도 헬렌 클라크 전 뉴질랜드 총리, 이리나 보코바 유엔교육과학문화기구UNESCO, 유네스코 사무총장 등 여러 강력한 지도자들을 제치고 당당히 유엔의 아홉 번째 수장으로 선출되었다.

또 누가 있을까. 가나 출신으로 강력한 대중 친화력과 언론 대응력으로 유엔을 국제사회의 중심으로 복귀시켰다는 평을 받은 코피 아난 제7대 사무총장(재임 1997~2006년)을 기억할 것이다. 아난 총장은 이미 오래전 동북아시아의 미래를 예견했던 것일까. 그는 김대중 정부의 햇볕정책을 공개적으로 지지했다. 조직 내에서도 유엔 사무관에서 시작해 최고봉까지 오른 입지전적인 인물로 통한다. 사무총장 퇴임 후에는 국가 지도자들로 구성된 세계 원로정치인 모임 엘더스The Elders 회장을 맡기도 했다. 또한 시리아 문제를 타개하기 위한 유엔과 아랍연맹의 공동특사로서 국제사회의 평화를 향한 행보를 이어갔다.

작년에 향년 80세로 별세하면서 세계 평화의 거장은 역사 속으로 사라졌지만 그가 보여줬던 평화로운 세상을 향한 열정은 여전히 깊은 울림을 주고 있다. 아난 총장은 미국에 눈엣가시였던 부트로스 부트로스 갈리 제6대 사무총장(재임 1992~1996년)의 연임이 좌절되면서 복잡한 국제정치적 이해관계 속에서 수혜를 입었다고는 하지만, 그가 주도한 유엔 **새천년개발목표**Millennium

Development Goals, MDGs[3]는 방대한 유엔 조직을 하나로 통합하는 데 큰 기여를 한 것이 틀림없다.

흔히 유엔을 MDGs 전과 후로 구분하는데, MDGs 전 시대에는 주변에서 "유엔에서 무슨 일을 하나요?"라고 물으면 워낙 하는 일이 방대하고 복잡한지라 딱 꼬집어서 대답하기 어려웠다. 하지만 MDGs 후 그리고 지속가능발전목표Sustainable Development Goals, SDGs 시대에는 동일한 질문에 대해 "빈곤 종식(SDG 1), 포용적 경제성장(SDG 8), 불평등 완화(SDG 10), 글로벌 파트너십 강화(SDG 17) 등을 달성하기 위해 일합니다"라고 어렵지 않게 말할 수 있게 됐다. 이렇듯 아난 총장이 유엔과 국제사회에 남긴 위대한 업적은 2001년 노벨 평화상으로 증명되기도 했다.

이 두 명의 유엔 사무총장 외에도 7명의 역대 사무총장들이 있었는데, "유엔은 인류를 천국으로 이끌기 위함이 아니라 지옥에서 구하기 위해 존재하는 곳이다"라며 유엔 헌장에 입각한 사무총장의 역할을 적극적으로 해석해 당시 강대국 사이에서 균형추 역할을 훌륭히 수행했던 것으로 잘 알려진 다그 함마르셸

---

3. 빈곤, 보건, 교육, 환경 등 전 세계적으로 대두되는 다양한 영역의 문제를 해결하기 위해 2000년 유엔이 채택한 의제. 유엔은 2015년부터 지속가능발전목표SDGs를 후속 목표로 설정, 국제 협력 과제로 삼고 있다.

드 제2대 사무총장(재임 1953~1961년)을 기억하는 사람도 많을 것이다. "유엔 사무총장으로서 어려운 일이 닥칠 때마다 '함마르셸드라면 어떻게 했을까' 하고 스스로에게 되묻게 됩니다"라고 했던 아난 총장의 평가를 떠올려보면 국제사회에서 함마르셸드 총장의 위상과 역할이 실로 대단했음을 짐작해볼 수 있다. 그는 사후에 노벨 평화상을 수상한 것으로도 유명하다.

우리나라 국민들은 뭐니 뭐니 해도 반기문 전 외교통상부 장관이 제8대 사무총장(재임 2007~2016년)에 당선된 순간의 감동을 잊지 못한다. 과거 유엔과 국제사회에서 원조를 받던 나라에서 이젠 원조해주는 나라로 성장했다는 것만으로도 자부심이 컸는데, 마침내 '지구의 대통령' 또는 '세계의 CEO'로 불리는 유엔 사무총장을 배출한 나라가 된 것이니 대한민국 국민으로서 자긍심이 하늘을 찔렀다.

나는 반기문 사무총장의 리더십 하에 유엔 근무를 시작해서 그가 국제사회에 남긴 업적에 대해 누구보다 잘 알고 있다. 또한 그는 여러 부분에서 유엔 조직 개혁을 단행했는데, 월급이 줄어들고 복지가 삭감되는 등 기분이 썩 좋지는 않았지만 전반적으로는 그의 개혁 의지에 지지를 보냈다.

그런데 오늘날 사람들이 제일 먼저 떠올리는 반기문 총장의 이미지는 내가 갖고 있는 그것과는 사뭇 다른 것 같다. 그가 사무총장 재임 시절 달성했던 혹은 계획했던 수많은 국제사회 기여를 깊이 있게 다룬 언론 기사를 본 적이 없다. 그가 10년간 이룬 업적은 온데간데없고 '꽃길만 걸었던 공무원은 한 나라의 정치 지도자가 될 수 없다'는 궤변론자들의 폄훼만 남아 너무도 안타깝다. 지구상에서 가장 어려운 직무라 여겨지는 유엔 사무총장직을 자그마치 10년이나 버텨낸 사람에게 꽃길만 걸은 것이라 말하는 것을 볼 때면 더욱 그렇다.

어찌 됐건 '반기문 대망론大望論'이라는 정치 슬로건은 지난 대선판을 뜨겁게 달구며 후보 간에 치열한 공방을 일으켰고 이 과정에서 온갖 흑색선전이 난무했다. 결국 현실 정치의 냉혹함에 가로막혀 대망론은 꽃을 피워 보지도 못한 채 시들고 말았다. 아직까지도 안타깝게 기억하는 사건은, 임기를 마친 반기문 총장이 금의환향할 때 인천공항에 '특별 의전을 요청했으나 퇴짜를 맞았다'는 등 망신주기 식 정치 공세와 이에 박자를 맞춘 언론 보도다. 이는 한국인 최초로 유엔 사무총장을 지내며 미래 우리나라와 세계를 이끌 무수한 인재들에게 끼친 긍정적 영향력마저 훼손시킨 행태다. 우리가 키워 낸 국제 무대 최고의 리더를 우리 입으로 깎아내리는 형국이니, 이를 지켜본 청소년들의 가치관 형성에도 좋지 않은 영향을 끼쳤을 것이다.

당시 우리 사회가 최순실 국정 농단 사태로 촉발되어 헌법재판소 재판관 전원 일치로 결정된 현직 대통령의 탄핵과 촛불 정부의 탄생에 이르기까지 대격변기를 지나고 있었기 때문에, 이러한 권모술수를 비판만 하지는 못하겠다. 그러나 시간이 흐른 뒤에라도 공인의 업적에 대한 엄정하고 객관적인 재평가가 이뤄져야 하지 않을까.

- 매일경제 2019. 3. 7.

값진 경험을 배울 기회

촛불 정부 집권 이래 최저임금 인상 논란에서 촉발된 성장 대 분배 논쟁은 우리 사회를 치열한 이데올로기 싸움으로만 몰고 있는 것 같다. 그러나 성장과 분배를 대립적으로 바라보기보다 어떻게 조화시킬 것인지가 정책의 핵심이 되어야 한다. 소득격차가 벌어지고, 너무도 불균형한 분배구조를 가진 경제체제는 결코 지속적으로 성장할 수 없으며, 성장하지 못하는 경제는 분배구조 개선을 위한 중장기적 정책 집행이 불가능하기 때문이다.

사실 이 논쟁은 지난 수년간 SDGs를 수립하기 위해 유엔을 중심으로 국제사회 전체가 고민했던 부분이기에 내게는 전혀 새롭지 않다. 유엔의 SDGs는 '2030 지속가능발전 어젠다2030 Agenda for Sustainable Development'로 구체화되었는데, 이는 포용적이고 정의로운 그리고 지속 가능한 성장의 중요성을 강조하면서 '아무도 뒤처지지 않는' 발전 목표를 지향한다. 혹자는 이 어젠다는 개발도상국만을 위한 것이 아니냐고 묻기도 하는데, 절대 그렇지 않다.

개발도상국은 경제 발전에 초점을 두되 정치·사회·환경 발전과 시너지 효과를 극대화시켜 기존의 **사일로**silo **집근 방식**[1]에서 벗어나 새로운 발전 방향을 모색해야 함을 강조한다. 반면 선진국은 자본과 자원의 효율적 활용, 더 나아가 지식과 문화 등 무형적 자원의 활용을 국가개발계획에 접목시켜, 이른바 '혁신을 통한 신성장 동력'을 확보하고 동시에 '포용적 성장을 통한 분배의 정의'를 재정립하는 것이 핵심이다.

최근 한국은행을 비롯한 주요 국책연구원에서 2019년 한국 경제성장률을 기존 전망치에서 하향 조정하며 경기 하강 위험이 있다고 경고했다. 이를 보면 우리 경제의 성장세가 주춤하고 있긴 한가 보다. 그나마 결실을 맺은 성장의 열매조차 고르게 분배되지 않고 빈부격차가 더욱 심화되고 있으니 말이다. 설상가상으로 경제활동 인구 절벽 현상이 나타나고 있어 위기감을 느끼지 않을 수 없다. 총체적으로 보면 여러 경제지표들이 대한민국 경제의 지속 가능 성장이 어렵다고 말한다.

소득 주도 성장·혁신성장·공정경제 등 현 정부의 3대 경제

1. 사일로는 곡식을 저장하는 커다란 탑 모양 창고이다. 여기서 유래된 사일로 효과는 조직에서 각 부서가 사일로처럼 담을 쌓고 자기 부서의 이익만 추구하는 것을 말한다.

정책 기조와 이를 통해 궁극적으로 달성하고자 하는 '포용국가'라는 정책 비전은 국민들에게도 명확하게 전달되고 있는 듯하다. 하지만 이 3대 기조 간 정책 우선순위, 특히 이들 간의 속도와 균형에 대해 다소 우려되는 부분이 있으며, 정책 당국자들도 뭘 어찌해야 좋을지 몰라 혼란에 빠져 있는 듯 보인다.

얼마 전 한 종합편성채널에서 주최한 신년토론회에서 공정거래위원장이 "당대 경제학 석학이 내세운 이론이라 하더라도 200년 전 이름 모를 어느 경제학자가 다 했던 이론"이라는 케인스의 '일반이론' 서문 일부를 소개하며 "경제정책이라는 것은 아이템별로 나열하면 크게 바뀌는 것이 없을 것"이라고 정부 당국자로서 견해를 피력했다.

나는 여기에 문제의 본질이 있다고 생각한다. 과거와 다르게 지금 우리에게는 다양한 루트를 통해 알게 된 너무도 많은 경제정책 수단이 책상 위에 놓여 있다. 그러나 유감스럽게도 이런 수많은 경제정책 간에 우선순위 선정과 정책 간 트레이드오프 분석을 통한 정책 조율, 무엇보다도 모두가 동의할 수 있는 대한민국만의 지속 가능 경제발전 어젠다를 수립해 본 경험이 우리에게는 부족하다.

등잔 밑이 어둡다고 했던가. 반기문 총장은 지난 10년 동안 유엔의 SDGs를 이끌어내기 위해 각종 분쟁, 안보, 인권, 환경, 개발, 보건 등에 걸쳐 전 세계 리더들과 수많은 회의를 주도했다. 즉 그는 수많은 이해 당사자들과 협의·조정을 통해 전 세계가 동의할 수 있는 개발 어젠다 수립을 주도한 조정자이자 심판자였다.

물론 그가 유엔 사무총장으로서 남긴 업적에 대한 평가는 분분하다. 그렇더라도 '파리 기후변화협정'과 같이 지구 온난화 문제에 대응하기 위한—개발도상국이나 선진국 할 것 없이 폭넓은—국제사회의 광범위한 참여를 이끌어낸 그의 노력을 간과할 수 없을 것이다. 특히 내가 가장 주목하는 건 2030 지속가능발전 어젠다라는 모두가 잘 살 수 있는 새로운 발전 패러다임을 제시했다는 점이다. 반기문 총장의 이 값진 경험을 당장이라도 배울 수 있는 기회가 바로 우리 눈앞에 있는데, 도대체 무엇을 망설인단 말인가.

- 매일경제 2019. 3. 14.

...powiatów. Wisły się zarumienią i... lepiej spiszą w bieżącym roku. W. B.

...strz i wicemistrz
...Śląska

BĘDZIEMY GŁOSOWAĆ W 57 OBWODACH WYBORCZYCH

Przygotowania do zbliżających się wyborów do Sejmu i rad narodowych już się rozpoczęły. Prezydium MRN w Gliwicach powołało Zespół Wyborczy, którego członków...

DZIŚ

Jeden

Magazyn...

W ubiegłym ty... w Toszku odbiór... dynku magazynu... Obiekt ten wzn... wickie Przedsię... downictwa Prz... Centrali Surowc... cach i Skórzany... będzie jedynym z... kraju magazyn... wany sprzętem... z dużych hal...

23 ...

4부

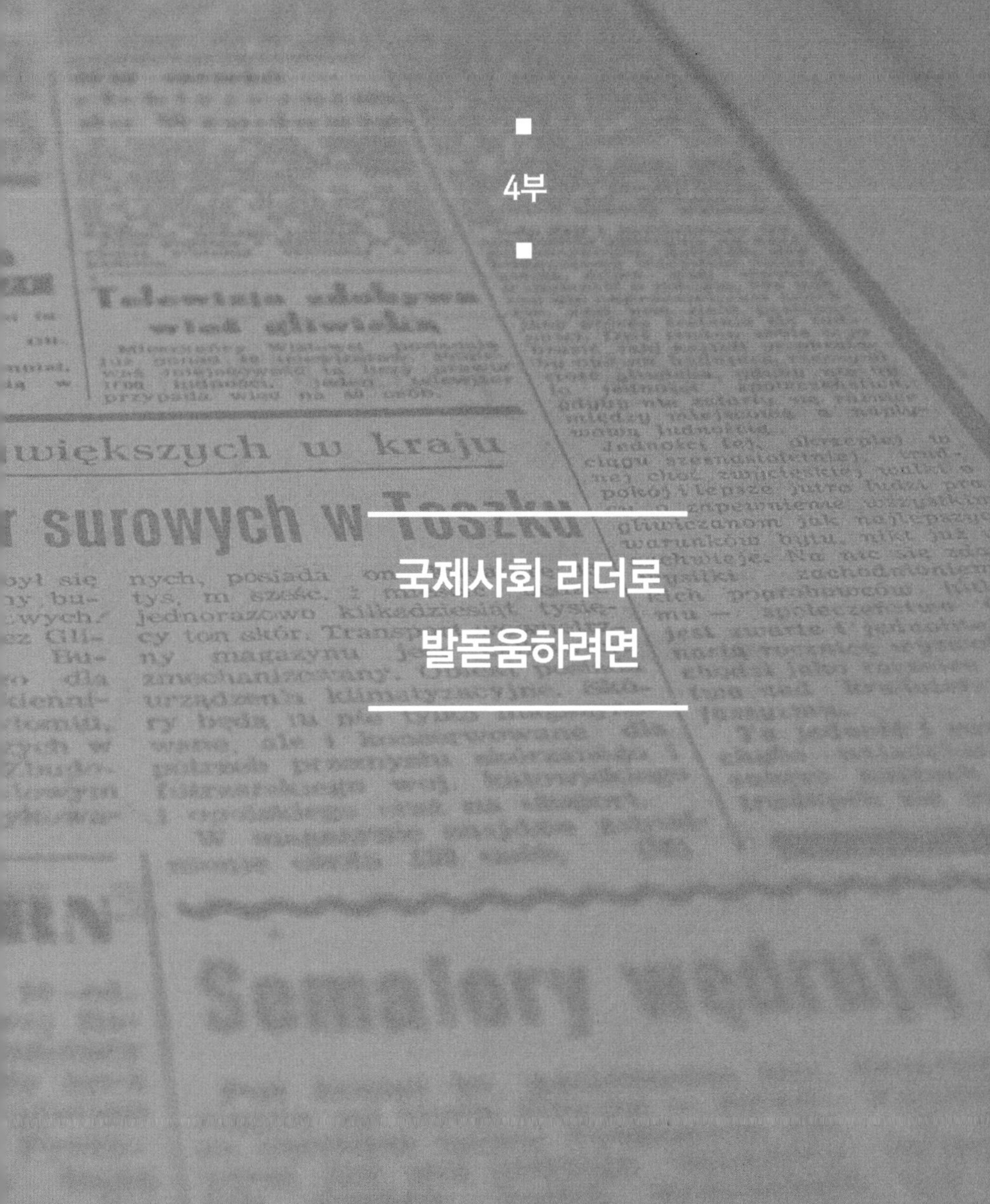

국제사회 리더로 발돋움하려면

4부

국제사회 리더로 발돋움하려면

2019년 여름. 일본 제품 불매운동이 한창이다. 일본이 한국에 대한 수출 규제 조치를 내리며 촉발된 사태다. 일본의 수출 규제 품목들이 우리나라가 주력하는 반도체나 디스플레이 산업의 핵심 소재들이기 때문에 이를 수입에 기대고 있던 우리나라는 타격을 입을 수밖에 없는 상황.

일본은 양국 간 신뢰가 손상되었기 때문에 우리나라를 수출 절차 우호국에서 제외한다는 이유를 들지만, 지난 해 한국 대법원이 일제 강제징용 피해자에 대한 일본 기업의 피해 보상 판결을 내린 데 반감을 품은 보복성 조치로 풀이된다. 한국도 이에 맞서 일본 여행 자제, 일본 제품 불매운동을 벌이는 것이다. 양국 교역 구조나 산업 경쟁력에 비춰볼 때 일본에 미칠 영향이 크지 않을 것이라 보는 시각도 있지만, 우리나라도 일본에 상응하는 조치를 취하려는 등 전면적인 경제전쟁으로 확대될 기세다.

일본과 우리나라는 청산하지 못한 과거 문제가 있는 것이 사실이다. 일본은 식민 통치가 우리나라 근대화에 기여했다는 '식민지 근대화론'을 주장하지만, 이는 제국주의를 뒷받침하기 위한 착취와 수탈이었을 뿐, 지금까지도 한국 정치경제 발달에 상흔을 남기고 있다.

그럼에도 불구하고 한일 양국은 경제·안보 등 사회 제반에서 긴밀하게 얽혀있는 처지로, 정경 분리 원칙을 따르는 실리 외교가 필요하다. 게다가 한일 관계는 치열한 패권 다툼을 벌이고 있는 미중 관계의 영향에서 자유롭기 어렵다. 이번 한일 갈등도 일본을 앞세워 중국을 견제하려는 미국의 숨은 의도가 읽히기 때문이다.

우리나라가 세계적인 경제대국의 반열에 오른 지 오래다. 그러나 그것만으로는 국제사회에서 인정받을 수 없다. 국제사회 일원으로서, 나아가 경제 규모에 걸맞게 국제사회를 이끄는 리더로 승격하기 위해서는 주변국들 사이에서 주도권을 지키면서도 실리를 놓쳐선 안 된다.

우리나라는 지금 북핵 문제를 해결하고 평화 체제를 정착시키려는 중요한 기로에 서 있다. 따라서 국익을 챙기는 실리 정신을 바탕으로, 눈부신 경제발전 경험을 제3세계 등에 전수하는 '21세기 국제 리더'로 도약해야 할 것이다.

'식민지 근대화론'이라는 허구

얼마 전 대법원이 일제 강제징용 피해자의 손해배상 소송에서 일본 기업 패소 판결을 내렸다. 이에 일본 정부가 강하게 반발했는데, 고노 다로 일본 외무상은 우리 대법원 판결이 나온 지 1시간도 안 돼 항의성 담화를 발표하기에 이르렀다. 이미 오래전 일본 측 배상 절차가 끝났기 때문에 이 판결은 한일 우호관계의 법적 기반을 근본부터 뒤엎는 것이라며.

이런 일본의 이례적인 대응이 그리 놀랍진 않다. 작년 12월에—그리고 올해 1월에도—동해상에서 벌어진 일본 **초계기 레이더 겨냥 논란**[1]과 작년 10월경 국민적 분노를 자아냈던 국제관

---

1. 2018년 12월 20일부터 2019년 1월 23일까지 4차례 걸쳐 일본 자위대 해상 초계기가 대한민국 해군 함정들에 저공 위협 비행한 사건을 말한다. 일본 측은 2018년 12월 20일 한일 중간 수역에서 북한 선박 구조 활동을 하던 우리나라 광개토대왕함이 인근 상공을 비행하던 일본 초계기에 사격통제 레이더를 조사했다고 주장, 갈등이 촉발됐다. 우리나라 국방부는 이를 부인했으며 오히려 일본 초계기가 저공 위협 비행한 데 유감을 표했다.

함식 관련 **욱일기 논란**[2], 그리고 지난 10여 년간 심화된 독도 문제와 위안부 망언 등을 떠올려 본다면 말이다. 갈수록 심해지는 한일 간 **빙딘지간**氷炭之間[3]의 상황 중심에는 양국 모두 쉽게 물러설 수 없는 일종의 **배수지진**背水之陣[4]의 결의가 공존하고 있는 것으로 보인다.

일본은 제2차 세계대전 패전국이기 때문에 자국 군사도 마음대로 가질 수 없는 상태로 오랜 기간을 버텨야만 했다. 하지만 이제는 이른바 '보통 국가'로 탈바꿈해 궁극적으로 동아시아의 맹주 자리를 되찾고 싶은 마음일 것이다. 아베 신조 총리는 "현행 헌법이 제정된 종전 직후와 비교해 지금 국제 정세 및 일본 사회의 체계가 크게 달라졌다"며 지난 수년간 끊임없이 평화헌법 개정을 시도해오지 않았나.

일본이 추진하는 보통 국가를 달리 말하면 '전쟁 가능 국가'인 셈인데, 급변하는 동북아 안보 환경을 고려해볼 때 일본의 이런 시도 중심에는 국가 이익을 위해 도덕적 선악에 관계없이

---

2. 2018년 10월 제주도에서 열린 대한민국 해군 국제관함식에 일본 자위대 군함이 일제 전범기인 욱일기를 달고 참가 예정으로 알려져 논란이 됐다. 욱일기 게양이 불허되자 일본 함정은 결국 불참했다.
3. '얼음과 숯'처럼 서로 화합할 수 없는 사이를 의미한다.
4. '물을 등지고 진을 친다'는 뜻. 물러설 데가 없어 목숨을 걸고 싸울 수밖에 없는 지경을 말한다.

효율성과 유용성만을 고려하는 마키아벨리즘Machiavellism 사상이 자리한 것처럼 보인다. 과거 그들의 제국주의 때문에 고통받았던 우리나라를 포함한 많은 아시아 국가들에 대한 진지한 반성도 없이, 다른 나라와 마찬가지로 군대를 갖고 교전권을 확보해야 한다고 주장하는 걸 보면 말이다.

마키아벨리의 정치철학적 혜안을 긍정적으로 본다면 일본의 입장을 이해 못 하는 것도 아니다. 국가는 자국민을 위해 존재하며 이들의 이익을 최우선시하는 것이 당연하기 때문이다. 우리 정부가 난민 수용에 관해 인도주의적 관점만을 고수할 수 없는 것처럼 말이다. 그렇기 때문에 국제 정치나 외교 문제에서 역지사지 정신을 찾아보기란 쉽지 않다.

같은 논리로 우리 국민 정서상 이런 일본의 행태를 용납할 수 없기 때문에, 한일 간 외교 갈등이 우려됨에도 불구하고 우리 정부 역시 한 치의 물러섬 없이 맞서고 있다.

특히 일본이 침략국으로서 저지른 만행을 대수롭지 않게 여기는 듯한 태도에 우리 국민들의 분노는 앞으로도 쉽게 가라앉지 않을 것 같다. 지난 반세기 넘는 기간 동안 우리 사회는 일제 식민 지배가 남긴 상처로 고통받았음에도 여전히 식민 통치를 합리화하려는 시도가 많으니 우리 여론이 냉담한 건 너무도 당연하다.

이런 합리화 시도 중 가장 효과적인 방법이 이론적 담론을 활용하는 것인데, 이는 과거 서구 열강들의 식민 지배 과정에서도 유사하게 나타났나. 식민 시배가 조선의 근대적 경제성장의 기점이 되었다는 논조를 뒷받침하는 이른바 '식민지 근대화론'이다. 이는 일본의 교과서에까지 실렸다.

1940년대 대륙병참기지론, 북조선루트론 등을 제창했던 스즈키 다케오 교수가 처음 이론화했다고 알려져 있는데, 식민지 근대화 옹호론자들은 대한민국이 식민 기간 중 경제성장률과 1인당 소비증가율 등 여러 거시경제 지표에서 괄목할 만한 성장을 이뤄냈다고 말한다. 또한 이들은 같은 기간 한국 경제는 농업에서 공업으로의 산업구조 전환이 이루어졌다며 이를 산업구조의 근대화로 간주한다. 이에 더해 일제 식민 지배를 통해 근대적 의료기술이 도입돼 사망률이 낮아지고 이는 빠른 속도의 인구증가로 이어졌다고 보고 있다.

이를 부정하는 것이 '식민지 수탈론'이다. 수탈론 주창자들은 당시 식민 지배에 의해 이루어진 공업화는 일본의 이익을 위해 추진되었기에 산업구조 전환은 오히려 왜곡된 방향으로 전개되었다고 말한다. 또한 당시 많은 한국 기업의 성장을 인정하면서도 90퍼센트를 상회하는 국내 회사 자본금이 실제로는 일본인 소유였다고 꼬집는다.

2018년 노벨 경제학상 수상자인 폴 로머 교수가 집대성한 내생적 성장이론이 갖는 중대한 함의를 곱씹어 보더라도 위 통계 수치가 말해주는 근대화는 우리가 직접 이뤄낸 내생적 성숙의 결과물이 아닌 수탈에 기반한 외생적 비대화의 부산물이라 생각한다.

이렇게 두 가지의 상반된 이론적 담론의 충돌을 지켜보며 특히나 불편했던 것은, 전자가 후자에 비해 상대적으로 많은 기록과 자료, 특히 통계 수치로 무장돼 있다는 점이다. 이를 통해 제국주의 열강들이 과거 식민 통치를 정당화하고 심지어 미화하려는 시도까지 서슴지 않고 있기 때문이다.

어찌 보면 당연한 것 아닐까. 우리나라를 비롯해 아프리카와 중남미의 수많은 국가들이 식민 지배를 받는 동안 분노하기도 바쁜데 무슨 자료를 모을 수 있단 말인가. 그나마 있는 것도 식민 통치자들이 '거시적' 관점을 바탕으로 수집한 자료에 비하면 조족지혈에 지나지 않을 것이다. 우리의 경우, 식민 지배 당시 언론은 당국의 철저한 검열과 통제를 받았으며, 구한말 조선의 조정이건 조선총독부건 이들이 만든 경제 수치를 어디까지 믿을 수 있을지도 의문이다.

- 매일경제 2019. 2. 21.

한일 관계,
과거를 넘어 정경 분리로

앞선 식민지 근대화론과 식민지 수탈론 간의 이데올로기적 논쟁을 뒤로하고 내가 생각하는 일제 식민지의 보다 본질적인 문제는 다음과 같다.

식민 지배의 성질에 따라 식민지 제도 형성이 상이할 것이다. 예컨대, 아프리카나 중남미 같은 천연자원 부국들이 식민지화되었을 때 유럽인들은 이 풍부한 천연자원을 효과적으로 추출하기 위해 중앙 집중화 시스템을 제도화시켜야 했다. 이 식민지는 자원이 풍부하고 기후 조건이 농작물 재배에 유리했지만 식민 통치자들이 정착하기에는 적합하지 않았기 때문이다. 따라서 이들은 '착취적 제도' 기반의 식민 지배를 펼쳤다.

반면 북미나 호주 등에서는 영구 정착을 목적으로 식민 통치가 이루어진 것으로 보인다. 착취적 제도보다는 상대적으로 지역 개발에 초점이 맞춰져 있었다는 말이다. 즉 식민시대의 착취 제도 여부가 식민지의 정치·경제적 불평등 구조의 근본적 출발

점을 결정한다고 할 수 있다.

그렇다면, 일제의 식민 지배는 어땠을까. 일본 제국주의를 뒷받침하기 위한 자원 수탈, 즉 착취 제도가 근대화 과정 동안 우리 사회 깊숙이 침투되었을 것이다. 이는 빈부의 격차, 부의 양극화 등을 유발하는 시스템이 이 시기, 우리 사회에 내재화됐을 가능성을 의미한다. 또한 일제 강점기는 우리 사회를 이분화하기도 했는데, 예컨대 박정희 전 대통령의 친일파 논란은 우리나라 정치적 분파의 근간으로까지 이어졌고 동시대 현실 정치에까지 상당 부분 영향을 미치고 있는 것이 사실이다. 즉 식민시대가 일정 부분 우리 사회의 정치·경제적 분열과 갈등을 낳았음은 부인할 수 없다는 것이다.

일본을 흔히 가깝고도 먼 나라라고 표현한다. 백 번 양보해서 식민지 근대화론을 받아들이더라도, 식민 지배가 남긴 정치적 분열은 지금까지도 우리에게 깊은 상흔을 남겼고, 이를 극복하고자 했던 민주화 열사들의 정신은 여전히 우리 사회에 널리 퍼지는 메아리처럼 깊은 울림을 주고 있다. 또한 타의에 의해 불가피하게 내재된 착취적 제도로 인해 우리 사회 약자들이 오랜 기간 불평등 구조를 겪어온 것도 사실이다. 바로 이것이 일본과의 갈등에 대한 우리의 비판적 여론의 근간이 되는 것인지도 모르겠다.

그럼에도 불구하고 우리 국민 대다수는 일본을 싫든 좋든 함께 가야 할 운명이라고 생각하고 있는 듯하다. 왜 그럴까. 지난 수년간 언론을 통해 반도체나 전자 기기 심지어 승용차까지 일본과 치열하게 경쟁하고 있다는 소식을 심심치 않게 접할 수 있었다. 우리나라가 세계 수출시장에서 일본과 어깨를 나란히 하며 경합할 정도가 되었다는 말이다. 하지만 20년 전만 해도 우리는 일본에서 소재나 부품을 가져와 다시 수출하는 방식으로 경제를 키워냈고 반대로 일본은 우리의 노동력을 이용해 그들의 경제를 상당 부분 유지시켰다.

문제는 한일 경제의 긴밀한 관계가 여전히 유효하다는 점이다. 물론 이전만큼은 아니지만 말이다. 예컨대 대한민국의 대일 수입 의존도는 10퍼센트를 상회하며 특히 부품 수입 의존도는 2017년도 기준으로 17.3퍼센트 수준이다. 즉 우리 기업과 일본 기업은 여러모로 복잡하게 얽히고설켜 있다는 뜻이다.

일각에서는 삼성전자가 일본의 수많은 납품 기업을 먹여 살린다고 한다. 물론 우리나라 중소기업도 일본 기업에 적지 않은 규모의 납품을 하고 있다. 몇 년 전 한 국책연구원의 분석에 따르면 한일 관계가 우호적이었던 기간에는 양국의 무역투자가 활성화된 반면, 반대의 경우는 급격한 교류 감소를 보였다고 한다. 한류로 대변되는 엔터테인먼트 산업은 말할 것도 없다.

이렇기 때문에 한일 관계에서는 정경 분리의 원칙이 매우 중요하다 할 수 있다. 그리고 양국 국민 모두 이런 정경 분리의 필요성에 대해 상당 부분 인지하고 있는 것 같다. 특히 지금과 같이 양국의 외교 갈등이 지속될 경우 한·미·일 안보체제의 불안정을 초래할 뿐만 아니라 일본이 그토록 목매는 미일관계의 견실한 토대까지 흔들릴 공산이 있으니 우리나 일본이나 잃을 것이 많아도 너무 많다.

최근 북핵 문제의 진행 상황을 고려해보면 한일 안보협력 강화가 그 어느 때보다도 중요해진다. 그러므로 현 동북아 지정학적 여건상 한국과 일본을 일종의 안보 운명 공동체로 봐도 그리 과하지 않다.

역사학자 에드워드 카는 저서 『역사란 무엇인가』에서 역사란 '역사가와 사실들의 끊임없는 상호작용 과정, 현재와 과거 사이의 끊임없는 대화'라 정의한 바 있다. 이를 우리의 갈등 상황에 적용해보면, 오랜 기간 우리 사회가 겪어온 수많은 역사적 사실들, 그리고 그중 중요한 사실이라 판단한 것들 중 고르고 골라 오늘날 수면 위로 드러나고 있는 것이 바로 일본을 향한 우리의 비판적 여론인 셈이다. 한편으로는 그들 나름의 내셔널리즘에 기반한 혐한 감정을 일시적인 것으로 치부하기에는 영 께름칙하다.

이렇듯 각자의 역사로 대변되는 과거와 현재 사이의 끊임없는 대화의 흐름을 긍정 궤도로 방향을 돌려야만, 현재와 미래 사이의 끊임없는 양국 간 대화를 통해 밝은 미래를 기약할 수 있을 것이다. 그리고 이런 미래는 한일 양국이 그들만의 배수지진을 넘어서야만 비로소 가능하다 할 수 있다.

도저히 떼려야 뗄 수 없는 나라가 우리에게는 일본이고, 일본에게는 한국이라는 점을 기억하고 건설적인 미래로 전진하기 위해 일보 후퇴하는 '집단지성'이 절실한 시점이다.

- 매일경제 2019. 2. 28.

일본 경제 도발의 본질

리처드 닉슨이 대통령이 되기 전 한국을 방문했을 때, 박정희 대통령의 대접(?)이 소홀했던 적이 있다. 당시 닉슨의 당선 가능성이 희박했던 것이다. 몇 년 뒤 닉슨이 제37대 미국 대통령이 되고 난 후 톡톡히 대가를 치러야 했다. 닉슨 대통령은 이른바 '닉슨주의'를 주창했는데, 이는 오늘날 트럼프 대통령이 "미국은 더 이상 세계의 경찰이 아니다"라고 하는 것과 같은 맥락이다. 닉슨은 일방적으로 주한미군 7사단을 철수시켰으며, 박정희 대통령은 샌프란시스코에서 여름휴가를 즐기던 그를 만나기 위해 호텔방으로 찾아가는 수모를 겪었다. 이를 단순히 국제정치 문제로만 치부할 수 있을까. 아마도 양국 지도자 간의 개인적인 감정도 일정 부분 영향을 끼쳤을 것이다.

최근 일본의 경제 도발에 대해서도 비슷한 생각을 할 수 있다. 격변하는 동북아 정세와 맞물린 일본이 정치적 공세를 펼치는 것으로 보는 견해가 우세하지만, 일본 지도자와 한국 지도자

간의 좋지 않은 감정이 이번 사태의 촉매가 되었다는 데 이견이 없는 듯하다. "일본의 버르장머리를 고쳐놓겠다"던 김영삼 대통령의 명언을 기억할 것이다. 김 대통령이 그런 말을 하지 않았더라면 IMF 사태까지는 오지 않았을 거라는 풍문이 떠돈 것도 사실이다. 당시 일본이 도움(단기외채 만기연장)을 줬다면 우리가 IMF로부터 돈을 빌릴 필요가 없었을지도 모르기 때문이다. 이명박 대통령의 독도 방문은 또 어떤가. 세계 언론들은 '이 방문으로 한일 갈등이 최고조에 달했다'고 평했다. 당시 야당(지금의 집권 여당)은 '대통령의 독도 방문은 깜짝쇼'라는 논평을 내놓았고 '반일 감정에 편승하지 말라'며 맹렬히 비난하기도 했다.

파탄 수준까지 치닫던 한일 관계를 해결해보려고 오바마 대통령이 주선한 한미일 정상회담도 떠올려보라. 당시 서툰 한국말로 "박근혜 대통령님, 오늘 만나서 반갑습니다"고 인사를 건넨 아베 총리의 모습 역시 우리에겐 희화화의 대상에 지나지 않았다. '죽창가', '서희', '이순신' 등 최근 몇몇 정치인들의 반일 감정을 불러일으키는 발언을 보면, 여와 야의 자리만 바뀌었을 뿐이다.

흥미로운 점은 이 모든 일련의 사건에 빠지지 않고 등장하는 인물이 바로 아베 총리라는 사실이다. 아베 총리가 우리나라 대통령들에게 단단히 삐친 것일까? 이번 기회에 한국의 버르장머리를 고쳐보겠다는 심산인가? 일본의 '잃어버린 10년'의 뼈아픈 경험을 우리나라에 소환시키려고 미중 무역 분쟁을 재연이라도 하려는 걸까? 미국의 아시아 태평양 전략에 중요한 한 축이 한미일 삼각 동맹임에도, 미국은 이번 사태와 아무 상관이 없는 걸까?

이번 일본의 경제 도발에는 위의 여러 요인들이 복합적으로 작용하는 듯하다. 경제적인 측면과 개인적인 측면 모두에서. 우리를 화이트리스트(전략 물자 수출 시 통관 절차 간소화 혜택을 주는 안보상 우호 국가)에서 배제하느니, 이번 경제 도발이 국제 분업구조를 파괴한다느니, 오히려 일본의 경제 손실이 막대할 거라느니 등의 논쟁이 사태의 본질과 속성을 꿰뚫고 있는 것인지는 의문이 든다. 왜냐하면 일본의 이러한 만행이 그저 시작에 불과할지도 모른다는 우려 때문이다. 따라서 보다 거시적인 국제 정치경제적 관점에서 바라볼 필요가 있다.

나는 일본의 도발을 21세기 세계 권력의 재편 싸움에서 우리가 어느 편에 설 것인지에 대해 질문하는 것으로 본다. 여기서 말하는 '편'이란 민주주의 세력과 전체주의 세력을 말하는데, 그 핵심에는 미국과 중국의 패권 전쟁이 자리하고 있다. 얼마 전 한 언론 보도에 따르면 우리는 미국의 남중국해 군함 파견 요청에 거절 의사를 전달했다. 미국이 화웨이 제재 동참을 거듭 요구했을 때도 명확한 답을 주지 않았다. 2015년에는 박근혜 대통령이 중국 전승절에 참석한 적도 있다. 직전에는 중국 일대일로 사업의 핵심인 아시아인프라투자은행 회원국 가입으로 잠시 미국과 신경선을 벌였나. 이뿐인가. 박근혜 대통령은 관행을 깨고, 당선 후 미국이 아닌 중국에 먼저 특사를 보내기까지 했다. 이렇듯 지난 수년 동안 우리는 미국과 중국으로부터 누구 편에 설 것인지 끊임없는 압력을 받아온 셈이다.

그렇기 때문에 이번 일본의 도발을 한일 경제전쟁 또는 양국 지도자 간의 국내 정치용 전략으로만 치부하기 어렵다. 즉 미국은 일본의 행태를 매개 삼아 그동안 어정쩡한 입장을 취해온 우리에게 묻고 있는지도 모르겠다. 누구를 택하겠느냐고. 러일전쟁 당시 패권국 미국과 영국이 일본 뒤에 있었던 것처럼, 지금도 중국과 패권을 다투고 있는 미국이 일본을 대리인 삼아 중국의 힘을 견제하려 한다는 것이 나의 판단이다.

그래서인지 미국은 일본의 일정 수준의 무장을 용인하는 듯하다. 우리는 일본의 우경화, 나아가 보통국가(전쟁 가능 국가)를 향한 움직임을 보며 동북아시아에 안보 불안을 가져오는 행태라 비판한다. 반면, 2013년 영국 『이코노미스트』나 2014년 미국 『타임』지는 아베 총리의 이러한 평화헌법 개정 시도를 놓고 동북아시아 평화에 기여할 것이라는 등 우리로서는 당최 받아들일 수 없는 해석을 내놓는 실정이다. 우리가 보는 일본과 세계가 보는 일본에는 간극이 존재하는 것이다.

우리가 미국이나 중국, 어느 한 쪽을 선택하는 것은 이론상으로나 가능하다는 것을 우리 국민 누구나 잘 알 것이다. 사드 논란 당시 롯데마트의 중국 철수, 한국 관광 금지 조치 등 중국의 보복으로 우리 경제는 위기에 내몰렸다. 그렇다고 지금의 대한민국을 있게 한 요인 중 하나인 한미동맹을 망가트린다는 것은 상상하기조차 힘들다. 한반도 전체가 중국 편에 서면 미국과 일본은 분명 국가 안보의 위기로 간주할 텐데, 우리가 이를 감당할 수 있을지 의문이다.

위기는 최고의 기회라는 말도 있지 않은가. 이번 위기를 현명히 활용해 우리 국익을 극대화할 수 있는 방안은 없을까? 나아가 한 쪽을 선택하라는 G2의 압박을 지렛대 삼아 한반도 통일이라는 대업을 향해 전진하는 방법은 없는 걸까? 이에 대한 해답을 제시해 줄 수 있는 사람이 오늘날 우리가 절실히 필요로 하는 지도자가 아닐까? 그리고 그 해답은 바로 지도자가 제시해야 할 시대적 사명이 아닐는지.

머지않아 불가피하게 어느 한 쪽을 선택할 상황에 처하더라도, 그때 우리가 통일된 국가에 살고 있다면 지금 이 위기 상황은 충분히 감내할 가치가 있을 것이다. 바꿔 말해, 일본의 경제 도발을 그리 나쁘게만 볼 필요는 없다. 한반도 통일 정책의 새 판을 짤 수 있는 기회이기도 하므로. 동북아 패권을 둘러싼 새 판 짜기 전쟁은 이미 시작된 것인지도 모른다. 만약 우리 대통령이 그 해답을 제시할 수 있는 지도자이고, 다음 대통령들도 그런 지도자들이라면, 급변하는 동북아 안보 환경 아래 대한민국의 미래도 밝을 것이라 확신한다.

- 매일경제 2019. 7. 31.

'한강의 기적'을 진정한 한류로

6년 전 사무실에 흥미로운 자료 하나가 도착했다. 한국의 새마을운동을 홍보하는 내용이었는데, 박근혜 정부 초기였던 때로 기억된다. 내가 일하던 부서는 중남미 국가들의 경제개발 정책을 수립하고 자문하는 업무를 주로 하던 터라 동료들의 관심이 매우 컸다. 내가 대한민국 국민이라는 게 자랑스러운 순간이었다.

몇몇 동료들은 홍보물을 자세히 훑어보고 나서 "그래서 어쨌다는 건데?"라는 질문을 던졌다. 내가 한국인이라는 이유 하나로. 이 질문 때문에 새마을운동에 대한 별도의 공부를 해야 했다. 이때 공부한 내용은 몇 년 뒤 에티오피아 경제기획부 장관을 비롯한 고위 관료들과의 회의에서 상당히 유용한 논거로 활용하기도 했으니 새마을운동에 대한 공부가 내게는 건설적인 투자가 되었던 셈이다.

흥미로운 점은 중남미 경제개발국 동료들과 에티오피아 관료들이 회의 때 하나같이 했던 말이다. 이들은 새마을운동 자체

보다 "이를 통해 한국이 어떻게 지금의 최첨단기술 기반 국가로 성장했는지가 매우 궁금하다"고 했다. 많은 저개발 국가에서 이미 커뮤니티별로 새마을운동 또는 유사한 형태의 지역사회개발운동 전수 사업이 벌어지고 있고, 특히 일본의 **지방개량운동**[1]이 은근히 인기가 있기 때문이다.

사실 우리 정부가 **경제발전경험공유사업**KSP[2]을 벌인 지는 꽤 됐다. 이는 우리만의 발전 노하우, 즉 한강의 기적을 전수하는 사업이다. 새마을운동은 이중 하나일 뿐이다. 당시 내가 담당한 중남미 대륙만 해도 볼리비아, 브라질, 콜롬비아, 도미니카공화국, 에콰도르, 온두라스, 멕시코, 파나마, 페루 등 수많은 국가가 우리의 발전경험을 전수받았고 이런 수요는 앞으로도 지속될 것으로 예상된다.

그러나 조금 걱정이 앞서는 게 사실이다. 정책의 일환으로 프로젝트를 수주하고 각 국가에 맞춤형 개발정책 컨설팅을 제공하면 그 자체로 끝난 것일까. 모든 자문 컨설팅이 그렇지만, 특히 국가를 대상으로 하는 정책자문 사업은 결과물이 매우 중

---

1. 우리나라 새마을운동과 매우 흡사하다. 혹자는 새마을운동이 러일전쟁 후 일본의 지방개량운동에서 영감을 받았다고 주장하기도 한다.
2. 영어로 'Knowledge Sharing Program'. 우리나라가 추진 중인 해외개발 원조사업. 우리의 경제발전 경험과 지식을 바탕으로 교역 대상국에 정책 자문하고 지원한다.

요하다. 한 국가가 전수받은 정책을 실제로 집행했을 때, 정책 효과가 자국 국민에게 직·간접적으로 전달되기 때문이다. 'KSP 한류'가 잠시 부는 바람에 그치지 않고 토네이도 수준이 되려면 결과물로 승부해야만 하는 이유이다.

우선 한 국가에 잡힌 사업 예산이나 실무를 진행하는 연구원들의 전문성을 고려할 필요가 있다. 한 국가의 개발 컨설팅에 투입되는 비용은 보통 1~3억 원 정도이다. 자문 기간도 6개월에서 1년 정도로 컨설팅 업계의 수익구조에 비춰볼 때 예산 대비 다소 긴 기간이다. 그리고 수주한 연구기관들은 자문 국가를 며칠간 방문해 인터뷰를 하고 차후 그 나라 공무원들을 초청하는 경우도 있으며, 최종 보고를 위해 다시 한 번 해당 국가를 방문하기도 한다. 이런 비용을 감안하면 실제 연구기관들이 남기는 수익은 그리 높지 않다. 이 같은 저수익 구조가 결과물의 질에 영향을 끼치지 않을까 우려된다.

대부분의 중남미 국가들은 스페인어를 쓰고, 브라질은 포르투갈어를 쓴다. 그리고 많은 아프리카 국가들이 프랑스어를 쓴다. 지금 내가 담당하는 서아시아 개발도상국들은 아랍어를 쓰는데, 이런 언어에 능숙하고 경제개발 자문까지 할 수 있는 전문가가 우리나라에 얼마나 될지 의문이다. 물론 회의는 전문 통역자의 도움을, 보고서는 번역가의 도움을 받으면 된다. 하지만 반드시 알아둘 점은 통역과 번역은 경제발전 전수 과정에 도움

한국 경제발전을 상징하는 한강의 기적

이 될 수는 있겠지만 결코 주主가 될 수 없다는 것이다.

기획재정부 관할 아래 실무 진행을 맡고 있는 한국개발연구원KDI은 대부분 KSP 프로젝트를 민간연구소 등 다양한 연구기관에 발주하기 때문에 실제로 진행하는 실무진은 국제개발 컨설팅에 최적화되어 있지 않을 수 있다. 심지어 컨설팅 대상 국가에 대해 전문성도 없는 사람이 프로젝트 총괄 관리자로 임명되는 경우도 종종 있다. 적지 않은 수의 개발도상국들은 대한민국의 성장 과정과는 큰 차이를 보이고 있으며 우리를 그대로 벤치마킹하기에는 여러 제약이 존재한다. 각 지역별 경제발전 분야에 오랜 기간 경력을 보유한 전문가를 확보하는 것이 최우선이다.

만약 정부가 KSP를 진정한 한류 수준으로 만들 의지가 있다면, KSP만을 위한 전담 조직을 만들어 국가 차원에서 전폭적으로 지원하고 육성하는 정책을 진지하게 고려해야 할 것이다. 정부는 KSP에 충분한 예산을 배정함으로써 연구 결과물의 질을 향상시키고, 국내외 여러 대학과 협정을 맺어 우리 후배들이 대학 1학년 때부터 KSP에 특화된 교육을 받을 수 있도록 프로그램을 구성하는 등 전문 컨설턴트를 조기 육성해야 한다. 이를 통해 기존의 공적개발원조ODA나 유엔개발계획UNDP 등의 다양한 개발사업과 차별화를 이끌어낼 수 있을 것이다.

- 동아일보 2013. 12. 13.

치안이 경쟁력이다

유엔을 비롯한 여러 국제기구들이 우리나라를 여전히 개발도상국으로 칭하고 있지만, 내부 직원들은 이 분류에 대해 의아해하는 것도 사실이다. 한국은 이미 세계 경제대국으로 인식되고 있기 때문이다. 나아가 싸이에 이어 방탄소년단이 주도하고 있는 대중문화의 세계화, 즉 한류 열풍은 우리가 더 이상 개발도상국이 아닌 명실상부한 선진 국가로서 국제사회 번영에 기여해야 함을 말해준다.

앞서 다룬 바와 같이 한국의 KSP가 보다 효과적인 개발협력사업으로 거듭나기 위해서는 우리가 한강의 기적을 일굴 수 있었던 노하우—예컨대 몇 차에 걸친 경제개발 5개년 계획 등—를 개별 개발도상국에 전수할 때 이를 책임질 지역별 전문가를 확보하고 KSP 전담조직을 설립해야 한다. 그래야만 밀도 있는 'KSP 한류'를 탄생시킬 수 있을 것이다.

나는 유엔의 첫 발령지인 중남미경제위원회를 거쳐 아프리카와 중동의 경제·사회발전을 위해 현장에서 발 빠르게 뛰어 왔다. 그러나 수많은 현장 경험을 쌓으며 들었던 생각은, 지역별 전문가 확보와 KSP 전담조직 설립 등의 방안이 충분조건이 아닐지도 모른다는 것이다.

물론 '새벽종이 울렸네, 새 아침이 밝았네. 너도 나도 일어나 새마을을 가꾸세'를 아침마다 흥얼거리셨던 우리 부모님들이 바로 한강의 기적을 일으킨 주역이라는 사실은 누구도 부정할 수 없을 것이다. 하지만 내가 경험한 많은 개발도상국 리더들이 보유한 경제정책의 전문성은 우리에 전혀 뒤처지지 않았다. 따라서 우리의 경제개발계획 노하우, 새마을운동 경험 등의 전수만으로는 그들의 절박함을 채워줄 수 없을지도 모른다.

지난 정부의 '통일대박론'에 이어 현 정부의 '평화가 경제다'라는 슬로건에서도 유추할 수 있듯이, 내가 주목하는 점은 바로 한국의 경제발전에 동반된 치안 역량이다. 우리의 눈부신 발전은 치안 안정을 위한 노력과 민주적 법질서의 틀이 없었다면 결코 가능하지 않았을 것이다. 치안이란 한 나라의 경제를 지탱하는 근간이라 해도 과언이 아니다. 단적인 예로, 90년대 말 외환위기 직후 국내총생산이 6퍼센트 가량 하락하는 동안 범죄 발생률은 10퍼센트 이상 상승한 점을 되짚어 본다면 이러한 논리가 큰 비약이 아님을 알 수 있다.

현재 내가 담당하는 중동은 '아랍의 봄' 이후 정정 불안 상황이 장기화되고 있다. 시리아 내전, 이슬람국가IS, 이라크, 난민 등 수많은 국제적 '불안 키워드'만 떠올려 봐도, 이 지역들의 안보와 치안 문제가 얼마나 심각한지 짐작할 수 있을 것이다. 이러한 정정 불안은 사회개혁, 정치발전 및 민주화의 저해 요인으로 작용하는데, 특히 이 같은 불확실성이 지속 가능한 경제개발 계획의 수립과 이행, 평가를 불가능하게 하고 있다. 즉 분쟁·취약국가에서는 치안 안정성이 담보되지 않는 한 KSP가 통하지 않음을 의미한다.

우리 외교부와 경찰청 등 관련 기관들이 협업해서 국가별 치안 상황 개선을 위한 프로젝트를 진행하고 있지만 아직까지는 시작 단계에 불과하다. 반면 여러 역내 기구의 국가사무소 또는 유엔과 같은 거대 국제기구 차원에서 치안 상황 개선과 관련한 수많은 역량 구축 프로젝트가 오래전부터 추진돼오고 있다. 지금은 조금 뒤처져 있을지 모르지만, 우리가 이 분야에서 개도국들에 미칠 잠재력은 가히 절대적이다. 왜냐하면 우리 사회는 이미 산업화와 민주화 등 압축된 사회 격변을 거치면서 밀도 높은 치안 안정 역량을 축적해왔기 때문이다. 또한 우리에게는 다른 국가나 기관들은 가지고 있지 않은 KSP 브랜드가 있지 않은가. 얼마 전에는 국제형사경찰기구(인터폴) 수장에 김종양 총재(전 경기지방경찰청장)가 당선되기도 했으니 말이다.

우리 경제발전 경험을 집대성한 데이터베이스 케이-디벨로페디아K-Developedia가 이미 구축돼 있고, 나아가 최근에는 이를 모듈화시켜 하버드대와 MIT가 공동으로 설립한 온라인 공개강좌 에드엑스edX에 런칭하기도 했다. 이렇듯 이미 잘 짜인 경제발전 경험의 판에 치안 역량 강화를 연계시킨다면, '치안-경제발전 KSP'라는 이러닝 콘텐츠를 넘어서서 수많은 국제기구들이 진행하고 있는 치안 관련 개발협력 프로젝트에서 우위를 선점하는 계기가 될 것이다. 정부 차원에서 적극 검토해서 블루오션을 찾아낸다면 이는 전 세계 어디에도 없는 선도적인 개발협력 방식이 될 것이며, 진정한 KSP 한류를 창조해 낼 수 있을 것이다.

- 한국경제 2018. 11. 2.

레바논 난민촌에서 실리 외교를 생각하다

몇 달 전 레바논 국경 지역에서 시리아 난민들을 돌보고 있는 선교사님과 커피 한잔하며 대화를 나눌 기회가 있었다. 이분은 20년 가까이 요르단과 레바논을 거치며 난민을 위해 큰 역할을 하셨는데, 그 자리는 레바논의 시리아 난민 문제에 대한 선교사님의 고견을 듣고 유엔의 전망에 관한 내 짧은 지식을 나누는 개인적인 자리였다. 대화 중 레바논 동쪽에 위치한 소도시 안자르Anjar에 대한 이야기를 들었을 때 머릿속에 경종이 울리는 기분이었다.

이 도시는 예로부터 시리아의 수도 다마스쿠스와 레바논의 수도 베이루트를 잇는 대상로隊商路의 중계지로서 번영을 누렸다. **우마이야 왕조**[1] 시대에는 6천 개가 넘는 상점이 아케이드를 이룰 정도로 무역이 번성하고 건축미가 뛰어난 도시로 역사

---

1. 역사상 최초의 이슬람 왕조이다. 660~750년.

에 기록되고 있다. 특히 우마이야 왕조의 도시계획이 잘 드러난 '고대 궁전 도시' 유적은 동서와 남북의 길이가 각각 350미터, 385미터의 성벽으로 둘러싸여 있고 성벽 여러 곳에 비잔틴 양식의 조각과 무늬가 나타나, 비잔틴 양식과 이슬람 건축양식이 조화를 이룬 건축물로 평가받는다. 1984년에 유네스코 세계문화유산에 등재됐으며 근처에 로마 시대 성이 즐비해 꼭 가봐야 할 유적지로 손꼽히기도 한다.

오늘날 안자르의 인구는 주로 제2차 세계대전 당시 프랑스가 이주시킨 아르메니아 이민자로 구성돼 있다고 한다. 하지만 당시 피난민들은—과거 우마이야 왕조 때 화려했던 모습은 온데간데없고—사막처럼 황폐해진 유적지에서 터전을 잡아야 했다. 대다수가 텐트를 치고 살았고 질병과 굶주림으로 최후를 맞이하기도 했다. 이렇듯 아르메니아 이민 1세대들은 새로운 삶을 개척하기 위해 빈곤과 싸우며 생존 투쟁을 했음에도 불구하고 자신들의 피와 땀으로 일군 터전을 지난 수년간 끊임없이 밀려드는 시리아 난민들과 나눠야 했다. 즉 안자르는 '시리아-레바논 무역 중계지'였던 화려한 위상이 '시리아-레바논 난민 캠프'로 추락하는 것을 감내해야만 했는데, 과거의 영예를 되찾기에는 역부족으로 보인다.

여기서 흥미로운 점은 난민들을 바라보는 아르메니아 이민

레바논 안자르 고대 궁전 도시

자들의 시선이다. 물론 이민자들 모두가 동일한 생각을 갖고 있지는 않을 것이다. 어느 사회건 다양성이 존재하기 마련이니까. 그럼에도 불구하고 이들은 불평은커녕 서로 도와야 하는 대상으로 인식하는 경향이 있다. 조상은 다르지만 피난민의 아픔을 누구보다 잘 알기에 공동체 의식으로 시리아 난민을 품고 있는 것이다. 일부는 "서로 돕기도 바쁜데, 처지를 비관하고 불평하며 싸우고 있을 시간이 없다"고 말한다.

내가 일하는 부서에는 시리아 전문가가 여럿 있고 시리아 전 교통부 장관도 팀원으로 함께 근무하고 있다. 또한 시리아 재건

사업팀National Agenda for the Future of Syria도 운영되고 있는데, 다양한 소식통에 의하면 시리아 내 정치적 변화가 이뤄지기 시작했고 이에 따른 재건 활동 역시 활발히 진행되고 있다고 한다. 단적인 예로 레바논의 베이루트 국제공항에 가보면 시리아 난민들의 귀향이 이미 시작됐음을 눈으로 직접 확인할 수 있다. 지난 수년간 숨겨왔던 **국민계정**National Account[2] 등 여러 거시경제 지표들도 올해부터 공시하기 시작했다.

물론 시리아 내전 상황은 정치, 사회, 지형학 등 각종 리스크가 복합적으로 작용하기 때문에 미래를 낙관적으로만 예측할 순 없지만 언젠가는 내전이 반드시 종결될 것이고 중동의 정치적 안정화로 이어질 가능성 또한 존재한다. 그날이 오면 대한민국 여권법 17조('여권의 사용제한 등'을 다룬 항목)에 얽매이지 않고 많은 한국인들이 시리아에 여행 혹은 사업차 방문하게 될 것이다. 그럴 가능성을 이미 염두에 둔 것일까. 러시아는 그렇다 쳐도, 시리아 시장 진출을 모색하는 중국 기업들의 물밑 작업이 이루어지고 있다는 소식도 들리기 시작했다. 한편 우리나라의 대표적 글로벌 기업들은 정부의 대對 시리아 외교정책의 눈치만 보는 형편이다.

---

2. 일정 기간 국민경제 모든 구성원이 이룩한 경제 활동 성과, 자산과 부채 상황을 정리한 것. 말하자면 국가 재무제표라 할 수 있다. 국민소득통계, 산업연관표, 자금순환표, 국제수지표, 국민대차대조표 등 5대 국민경제 통계로 구성된다.

얼마 전 출간된 UC 버클리대 대커 켈트너 교수의 『선한 권력의 탄생』에 따르면 현재 미국의 외교정책 결정에 가장 큰 영향을 미치는 정치철학 사상은 단연 마키아벨리즘이라고 한다. 국가 이익을 위해 수단의 도덕적 선악에 관계없이 효율성과 유용성만을 고려한다는 것인데, 우리 대한민국도 시리아 외교에 대해 다시 한 번 진지하게 고민해볼 필요가 있다. 특히 이 글에서 강조하고 싶은 점은 난민 수용을 옹호하려는 것이 아니라 근 미래 시리아 시장 진출에 대한 준비가 시급하고도 절실하다는 것이다.

그럼에도 불구하고 우리나라의 저출산·고령화 문제를 고려해본다면 사회 공론화 과정을 거쳐 일정 부분 난민 수용을 검토해볼 필요가 있다. 예컨대 가나와 에티오피아, 미얀마 등은 한때 부유한 국가에 속했지만 외국인을 배제하고 쇄국정책을 편 이후 쇠퇴일로를 걸었던 반면 미국은 1920년 이민법을 제정한 뒤 번영의 길로 가게 되었다는 점을 주목해야 할 것이다.

물론 이 모두는 나의 지극히 주관적인 관점이다. 그렇지만 우리가 북한의 시장화와 개혁개방을 학수고대하듯, 그리고 몇 년 전부터 "모든 재산을 북한에 투자하겠다"고 공언한 세계적 투자가 짐 로저스 회장의 혜안을 빌려 볼 때, 시리아 역시 백지까지는 아니더라도 무언가를 선명히 그릴 수 있는 캔버스는 되지 않을까.

우리에게는 한류라는 매력적인 문화 코드가 있고, KSP라는 강력한 경제개발협력 브랜드도 있다. 더욱이 난민 사역에 인생을 바치며 피와 땀을 흘려온 한인 선교사와 같은 인재들도 있지 않은가. 장기적인 안목을 가지고 시리아 진출을 준비하는 실리 외교가 시급한 때이다.

- 매일경제 2018. 11. 30.

이슬람 종파 갈등에서 우리가 배울 것은

632년 이슬람교 창시자 무함마드가 후계자 지명 없이 사망하면서 수니파와 시아파의 오랜 종교전쟁이 시작됐다. 이슬람 공동체가 모여 칼리프(후계자·지도자)를 선출하자며 일종의 민주주의(?)를 실현코자 했던 세력이 바로 수니파였다. 한편으로 혈통을 중시하는 이슬람 소수그룹이 있었는데, 무함마드의 유일한 혈통(사촌이자 사위)인 알리를 중심으로 형성된 시아파다. 당시 다수를 차지한 수니파에서 초기 칼리프가 선출됐지만, 훗날 알리 역시 이슬람 지도자의 기회를 얻게 된다.

하지만 이때부터 불행이 시작됐다. 알리가 수니파에 암살당한 것이다. 혈통을 주창하던 시아파 입장에서는 알리의 죽음을 받아들일 수가 없었다. 이는 곧 종파의 종말을 인정하는 것과 다를 바 없으니까. 시아파는 지금까지도 알리가 어딘가 숨어있으며 머지않아 그들에게 돌아올 것이라 믿고 있다. 수니파의 정당성을 인정하지 않는 그들만의 종교적 신념은 결국 두 종파 간 철천지원수의 관계로 진화됐다. 그것도 지난 1천4백 년 동안이나.

수니파는 이슬람 주류 세력으로 성장했는데, 이 종파를 대표하는 국가가 바로—국제 유가를 좌지우지하는—사우디아라비아다. 이슬람 메카가 있는 곳이기도 하다. 시아파는 대표적인 반미 국가이자 핵협정 탈퇴를 놓고 서방세계와 갈등을 빚고 있는 이란에 둥지를 틀었다. 이 두 국가를 중심으로 이슬람의 두 종파, 수니파와 시아파는 오랜 기간 이슬람 종주국의 지위를 두고 싸울 수밖에 없는 운명을 지녔다고 하겠다.

지난 1천4백 년간 수니파와 시아파 사이에 갈등과 분쟁의 역사만 있었던 것은 아니다. 하지만 양대 종파의 주요 세력들이 국내 정치적 이득을 얻고자 종교분쟁이라는 강경 카드를 이용할 때면 갈등이 심화되곤 했다. 이런 종교 갈등을 지정학적 정치 경제 사건에 끌어들인 대표적인 예가 바로 이란-이라크 전쟁이다. 사담 후세인이 이끌던 이라크는 전통적으로 수니파였지만, 전후 시아파에 장악되기까지 했으니 말이다. '1차 이라크 전쟁'으로 불리는 쿠웨이트 침공 역시 수니파-시아파 갈등 사례라 볼 수 있다.

현재 진행형인 시리아 내전과 예멘 내전 모두 수니파와 시아파의 전쟁이니, 국내외 정치가 가장 밀접하고 유기적인 관계를 맺고 있는 지역이 중동이라 해도 과언이 아니다. 특히 이곳은 파이프만 꽂으면 원유가 나온다는 땅이 아니던가. 그렇기에 오늘날 수니파-시아파 갈등 방정식에는 미국, 영국, 프랑스, 러시아, 이스라엘 등 여러 강대국들의 이해관계가 변수로 작용하고 있는 것이다. 가히 '세계 제일의 국제정치학 난제'라 하겠다.

흥미로운 것은 중동 패권을 둘러싼 지정학적 역학이 우리에게 그리 생소하지 않다는 점이다. 예컨대 트럼프 대통령이 국내 정치적 위기를 모면하기 위해 성사시켰다고 봐도 무방한 북미 판문점 회동, 참의원 선거를 의식한 아베 총리의 경제 도발, 15대 대선 과정 중 벌어진 총풍사건 등 국가 간 관계를 국내 정치에 활용한 권모술수를 우리도 무수히 봐왔다.

이미 너무 많은 것을 보고 경험했기 때문일까. 우리 국민 대부분은 북핵 문제는 남·북·미 3국간 협상만으로는 풀 수 없다는 것을 잘 알고 있다. 여기에는 중국도 있고, 러시아도 있고, 일본도 관여돼 있다. 마치 혼돈의 중동처럼 말이다.

바꿔 말하면, 북핵 문제 더 나아가 한반도 통일이라는 대업을 국내 정치에 연동시키면 시킬수록 고차방정식이 되고, 결국 수니파와 시아파의 갈등처럼 장기화될 공산이 있다는 것이다. 북핵 문제만큼은 여야 할 것 없이 한목소리를 내야 하는 이유이다.

"정파 싸움은 국경선에서 멈춰야 한다"는 70년 전 미국 외교위원장 아서 반덴버그의 경고를 귀담아듣자. 즉 주변국 지도자들이 북핵 문제를 국내 정치에 이용하는 행태를 그저 외생 변수로만 받아들이는 순간, 현 정부가 그토록 갈망하는 **한반도 운전자론**[1]이나 한반도 조정자론은 물 건너 갈 것으로 봐야 한다.

우리가 주변국에 내정 간섭은 못하더라도 그들이 달성하려는 국내 정치적 이득과 우리의 통일을 향한 전략적 이해관계를 맞추려는 지혜. 이것이야말로 우리에게 절실한 외교 역량이 아닐 수 없다. 이는 어쩌면 우리가 그토록 바라는 시대적 사명을 실현시켜 줄 수 있는 지도자의 조건일지도 모르겠다.

천년이 넘는 분쟁의 역사를 고스란히 품고 있는 수니파와 시아파의 이슬람 종파 갈등. 그리고 세계 패권국들의 개입으로 일종의 국제 대리전으로까지 비화되고 있는 오늘날 중동의 패권 역학을 곱씹어 본다면, 평행이론을 적용할 수 있을 정도로 한반도 북핵 문제와 비슷한 형태로 진행되고 있다는 느낌을 지울 수가 없다. 이 국제정치학 난제로부터 우리가 배울 수 있는 외교적 책략이 없지 않을 것이다.

- 매일경제 2019. 8. 28.

1. 한반도 문제는 당사자인 남한과 북한이 주도권을 쥐고 해법을 찾아나가야 한다는 문재인 대통령의 대북정책론.

5부

기초과학 강국으로 가는 길

5부

기초과학 강국으로 가는 길

2019년 4월, 마침내 블랙홀 관측에 성공했다. 천문학자들이 지구에서 5천500만 광년 떨어진 거대 은하 'M87' 중심에 있는 블랙홀의 모습을 전파망원경으로 찍은 것이다. 엄밀히 말하면, 블랙홀 주변의 빛이 빨려 들어가는 '블랙홀의 그림자'이다.

1915년 아인슈타인이 '강한 중력을 갖고 있는 천체는 주변 시공간을 휘게 한다'며 블랙홀의 존재 가능성을 제기한 지 100여 년 만이다. 이론으로만 상상해오던 블랙홀이 입증되다니, 우주를 보는 새로운 창이 열렸다며 전 세계가 감격했다.

천체를 연구하려면 우주에서 날아든 전파를 잡아 별과 은하의 모습을 관측하는 전파망원경이 필수다. 블랙홀처럼 거대한 천체를 찍으려면 지구 크기만 한 고성능 망원경이 필요한데, 이런 망원경을 만드는 것은 현실적으로 불가능하다. 그래서 지구 곳곳에 흩어져 있는 전파망원경을 연결해 가상의 거대 망원경을 만든 뒤, 관측 데이터를 처리해서 하나의 이미지를 만들었다.

2017년 4월 국제 공동연구팀이 미국, 칠레, 프랑스, 남극 등 6개 대륙에 있는 전파망원경 8대를 동원해 블랙홀 추적에 들어간 배경이 그것이다. 같은 시간, 서로 다른 망원경을 통해 들어온 블랙홀 전파 신호를 통합해 이를 역추적하는 방식으로 블랙홀 영상을 얻은 것이라고 한다. 전 세계 과학자 200여 명이 참여한 공동 프로젝트였으며, 한국천문연구원 등 우리나라 과학자 8명도 여기에 포함됐다.

과학계가 지금의 쾌거에 이를 때까지 얼마나 많은 난관을 거쳤을까. 과학자들의 열정과 노력은 말할 것도 없고, 순수과학을 든든히 받쳐주는 정책, 인재를 신뢰하고 실패를 용인하며 다시 도전할 수 있도록 북돋우는 풍토. 이 모두가 조화를 이뤄야만 가능한 일이다.

과학 강국이 되기 위해서는 이 같은 '축적의 시간'을 피해갈 수 없다. '5부 기초과학 강국으로 가는 길'에서는 현대 과학이 걸어온 역사, 특히 21세기를 주도하는 양자역학과 천체과학의 발전사를 살펴본다. 또한 기초과학 발달을 이루기 위한 과제와 인재 양성에 대한 우리 사회의 태도를 돌아본다.

'창백한 푸른 점'에서 우주를 보다

인간은 지능을 가진 수많은 동물 중 하나일 뿐이다. 하지만 인간이 동물들과 다른 것은 도전과 창조정신을 갖고 있다는 점이다. 좀 더 쉽게 말하면 인간의 호기심이야말로 과학을 탄생시키고 인류의 진보와 발전을 주도하는 이른바 창조라는 마법을 부리는 원동력인 것이다. 조물주가 인간에게 준 가장 값진 선물이 호기심이라는 말이 있을 정도이니 말이다.

인간은 이런 호기심을 통해 가까스로 얻은 정보와 지식을 공유하고 후손들에게 전수하기까지 하니 '인간은 생각하는 동물'이라는 아리스토텔레스(BC 384~322)의 깊은 성찰을 뛰어넘을 정도이다. 즉 세상에 대한 호기심에서 비롯되어 오랜 기간 축적해온 지식이야말로 우리 인간이 타 동물을 지배할 수 있었던 원천이다. 이것이 인간으로 하여금 푸른 지구를 넘어 우주를 향한 도전을 가능케 하고 있는지도 모르겠다.

나는 비록 물리학자도 천문학자도 아니지만, 우주를 알고자 했던 선배들의 발자취를 감히 따라가보려 한다. 이 분야 문외한일지라도 지난 수 세기 동안 천재들이 발견해온 신비로운 세계를 간소하게나마 섭할 수 있을 테니 이에 의미를 두려 한다. 그럼 먼저, 오래전 자연의 법칙을 발견했던 고전 물리학의 아버지 아이작 뉴턴(1642~1727)의 발견에 대해 알아보자.

우선 뉴턴의 발견은 '모든 물체는 정지해 있다'는 아리스토텔레스의 주장과 '모든 물체는 등속으로 움직인다'는 갈릴레오 갈릴레이(1564~1642)의 주장에 종지부를 찍었다. 뉴턴은 과수원에서 사과가 나무 아래로 떨어지는 너무도 당연한 현상을 보고 모든 사물은 자신의 질량만큼 다른 사물을 끌어당기는 힘을 가지고 있다는 가설을 도출해냈다. 이 가설은 지구상 물체의 운동을 설명할 수 있을 뿐만 아니라 태양계 행성들의 운동, 예컨대 달이 지구 궤도를 도는 이유와 태양 주위를 공전하는 행성의 궤도 등을 설명하는 데 가장 핵심 원리이기도 하다.

이는 지금까지도 우주의 보편적 법칙으로 간주되며, '힘은 질량에 가속도를 곱한 것(f=ma)'이라는 공식으로 표현된다. 즉 어느 주어진 순간의 위치와 속도를 알면 작용하는 힘에 따라 미래 운동을 예측할 수 있다는 것인데, 모든 자연현상이나 우주에서 일어나는 일들은 뉴턴의 이 공식으로 운동을 이해할 수 있으며 예측 가능하게 된 것이다. 물리학 첫 시간에 배우는 공식이

아이작 뉴턴

자 만유인력의 법칙으로 알려져 있기도 하다.

하지만 이 공식에는 문제가 하나 있었다. 만유인력의 법칙만으로는 1초에 지구를 일곱 바퀴 반을 도는 빛의 운동을 설명할 수가 없었다. 물론 뉴턴은 **빛의 입자성**[1]을 제기했지만 얼마 지나지 않아 **빛의 파동성**[2] 가설이 토머스 영(1773~1829), 제임스 클라크 맥스웰(1811~1879), 하인리히 루돌프 헤르츠(1857~1894) 등의 실험으로 입증되었다. 이렇듯 파동설에 힘이 실리는 듯했지만 얼마 뒤 빛은 불연속적인 에너지를 가진 입자인 광양자라는 주장이 나왔는데, 이 광양자 가설을 말했던 이는 1921년 노벨 물리학상을 수상하게 된다. 바로 20세기 최고의 천재 과학자 알베르트 아인슈타인(1879~1955)이다.

---

1. 빛이 하나의 물질로서 다른 물질에 충돌하면 충돌된 물질을 움직이게 하는 운동 에너지를 갖고 있다는 이론.
2. 빛의 에너지가 물결처럼 일정한 굴곡을 형성하고 있어 그 파장으로 인해 여러 가지 색깔을 나타낸다는 이론이다. 17세기 빛의 입자설과 파동설이 대립했으나 18세기 뉴턴을 거치며 입자설이 우세했다가 19세기 파동설이 자리를 잡았다. 현대 물리학에서는 양자역학을 통해 빛이 입자성과 파동성을 동시에 지닌 것(이중성)으로 정의한다.

아인슈타인 하면 100년이 훨씬 넘은 지금도 불멸의 공功으로 회자되고 있는 'e=mc2'[3]이 떠오를 것이다. 이 공식이 핵무기의 이론적 기초가 되었을 정도니 그의 천재성은 굳이 설명하지 않아도 될 것 같다. 그런데 그의 수많은 이론 중 현대 물리학의 지평을 열었다고 평가받는 건 단연 일반상대성이론(1916년)이다. 이는 뉴턴의 만물의 공식에 '시공간'이란 3차원 공간과 1차원 시간을 하나의 구조로 묶은 4차원 개념을 적용한 것이다.

알베르트 아인슈타인

쉽게 말해 어떤 물체가 존재하면 그 주변 시공간은 그 물체의 질량에 영향을 받아 휘어진다는 것이다. 즉 일반상대성이론은 물체와 시공간의 상호작용과 같은 거시 세계를 설명할 수 있다. 잘 알고 있듯이 태양이 떠 있는 낮에는 별이 보이지 않는다. 그런데 1919년 개기일식 때 태양이 가려져 마치 밤처럼 별을 관

---

3. 특수상대성이론을 바탕으로 질량 단위에 빛의 속도의 제곱을 곱하면 에너지 단위와 같아진다.

찰할 수 있었다. 세기의 천재들은 이 타이밍을 놓치지 않았다. 당시 관측된 별들의 위치에 차이가 나는 것을 알게 됐는데, 이러한 차이는 곧 태양에 의해 시공간이 휘었다는 의미로, 비로소 일반상대성이론이 증명되었던 것이다.

아이러니한 점은 뉴턴이나 아인슈타인 등 수많은 천재들은 우주 근처에도 가보지 못했다는 점이다. 어찌 보면 탁상공론이나 관념론에 지나지 않는다는 비판이 있었을 수도 있다. 예컨대 우주를 가득 채우고 있지만 다른 물질과 거의 반응하지 않아 '유령 입자'로 불리는 중성미자 연구로 2015년 노벨 물리학상을 수상한 **가지타 다카아키**[4] 교수를 생각해보면, 이는 인류의 호기심에 비춰볼 땐 엄청난 발견이지만 정작 그의 노벨상 수상에 대해 알고 있는 사람은 그리 많지 않은 것과 같은 이치다.

노벨 물리학상 수상자는 몰라도 인류 최초 우주인이었던 **유리 가가린**[5] 대위에 대해서는 한 번쯤 들어보았을 것이다. "지구는 푸른 빛깔이었다." 1961년 4월 12일 301킬로미터 상공에서

---

4. 우주를 이루는 기본 입자인 중성미자의 진동을 발견, 중성미자가 질량이 있음을 밝힌 공로로 2015년 캐나다의 아서 맥도널드와 공동으로 노벨 물리학상을 수상했다. 2002년 노벨 물리학상을 받은 스승 고시바 마사토시 도쿄대 명예교수의 뒤를 이어 노벨상을 받은 것이기도 하다.
5. 세계 최초의 우주비행사. 1961년 보스토크 1호를 타고 우주 비행에 성공했다.

1시간 48분 동안 우주여행을 하며 그가 남긴 이 말은 인류 역사에 한 획을 그은 명언으로 기억되고 있다.

역사가 말해주듯 우주에 대한 인간의 호기심이 지속돼야 과학은 진보한다. 그리고 과학이 진보해야만 우주에 대한 새로운 발견을 이어갈 수 있다. 그리고 이런 새로운 발견은 우주에 대한 우리의 호기심을 유발시킨다. 즉 우주를 탐구하는 천재들은 가끔 우리에게 무언가를 보여줄 필요가 있다. 그래야 우리의 호기심이 연장되기 때문이다. 올해 4월에 과학계가 최초로 블랙홀의 실제 모습을 확인해 준 것처럼 말이다.

이와 관련해 유명한 일화가 하나 있다. 1980년대 말 천문학자 **칼 세이건**[6]이 미국 항공우주국NASA에 한 가지 흥미로운 제안을 했다. 나사의 **보이저 1호**[7]가 태양계를 빠져나가기 전에 고개를 돌려 지구를 한번 찍어보자는 것이었다. 하지만 보이저가 고개를 돌릴 때 자칫 카메라가 태양을 비추기라도 하면 카메라 시스템이 망가져버릴 수 있기 때문에 이 제안은 큰 호응을 얻지 못했다. 만에 하나 카메라가 망가진다면 인류에 큰 손해이기 때

---

6. 20세기 천문학 연구 및 과학의 대중화에 크게 기여한 천문학자. 천문학의 세계를 대중적 언어로 쉽게 풀어쓴 저서 『코스모스』로 잘 알려져 있다.
7. 나사가 제작한 태양계 무인 탐사선. 인간이 만든 인공물 중 지구에서 가장 멀리 떨어져 있는 물체다. 목성, 토성, 천왕성, 해왕성을 탐사하기 위해 1977년 9월 5일 발사됐으며, 1989년 태양계 탐사를 성공적으로 마친 후에도 태양권을 계속 항해하며 관측 활동을 하고 있다.

문이다. 1977년 보이저 1호가 발사된 이래 40년이 넘는 시간 동안 여전히 지구와 통신하며 인류가 몰랐던 우주에 관한 경이로운 발견을 전해주고 있음을 생각해보면 말이다.

하지만 이런 우려에도 불구하고 결국 1990년 2월 14일 보이저 1호는 명왕성을 지나 태양계를 빠져나가는 순간 고개를 돌려 지구를 찍는 데 성공했다. 이 광경을 본 칼 세이건은 지구를 “창백한 푸른 점”이라 칭하며, 자만에 빠진 인간이 얼마나 어리석은 존재인지를 절실히 깨닫고 다음과 같이 말했다.

저 점이 바로 우리의 집이자 우리 자신입니다
우리의 모든 기쁨과 고통이 저 점 속에 존재했고
인류의 역사 속에 존재한 자신만만했던
수천 개의 종교와 이념들, 경제체제가
수렵과 채집을 했던 모든 인류가
역사 속 모든 위대한 영웅과 비겁자들이
……
저 티끌 같은 작은 점 속에서 살았습니다

- 매일경제 2019. 3. 21.

'꿈의 컴퓨터' 탄생에 이르기까지

앞서 다룬 일반상대성이론과 함께 고전 물리학의 양대 축으로 여겨지는 또 다른 엄청난 발견이 있다. 바로 원자의 발견이다. 이는 기존의 모든 과학지식을 무너뜨린 발견이다. 물리학자 **리처드 파인만**(1918~1988)[1]은 다음 세대에 넘겨줄 지식을 단 하나만 고르라면 "모든 것은 원자로 이루어져 있다는 사실을 꼽겠다"고 할 정도였다. 즉 모든 미래는 예측가능하다고 했던 고전 물리학은 원자의 발견으로 대혼란을 겪게 됐다.

일반상대성이론은 연속적으로 이어지는 예측 가능한 거시 세계를 설명해주었지만 원자 이하 단위의 미시 세계를 설명해주지는 못했기 때문에 속 시원하게 설명해줄 수 있는 무언가가 필요했다. 이런 미시 세계를 설명하기 위해 탄생한 이

---

1. 양자전기역학의 재규격화 이론을 완성, 1965년 노벨 물리학상을 공동 수상한 미국의 이론물리학자이다.

론이 바로 **양자역학**[2]이다. 아인슈타인과 더불어 **어니스트 러더퍼드**(1871~1937)[3], **닐스 보어**(1885~1962)[4], **에르빈 슈뢰딩거**(1887~1961)[5] 등 당대 천재들의 끊임없는 도전으로 원자의 세계를 비로소 설명할 수 있게 됐는데, 1900년 전후 반세기 동안 이처럼 많은 천재들이 나타난 것은 우리 인류에게 큰 축복이었음이 분명하다. 물론 내가 이 양자역학을 쉽게 설명해보려는 시도 자체가 무모할지도 모르겠다. 왜냐하면 양자역학은 기존의 확정적 경험으로는 결코 설명할 수 없기 때문이다.

그럼에도 이들의 위대한 업적을 정리해보자면, 러더퍼드가 얇은 금박에 쏜 방사성 원소의 알파 입자가 튕겨 나오는 걸 관찰하며 원자핵을 확인했고, 이 원자 속에 원자의 10만 분의 1도 채 안 되는 양성, 중성, 중성미자가 전자에 묶여 돌고 있음을 발견했다. 예컨대 650억 개의 중성미자가 초당 사람 피부 1평방센티미터를 통과한다고 하니 원자와 전자가 사는 미시 세계가 궁금하지 않을 수 없다. 그리고 이들의 세계는 태양계와 굉장히

---

2. 원자, 분자, 소립자 등의 미시적 대상에 적용되는 역학. 현대 물리학의 기초가 되는 양자역학은 수많은 현대 기술들의 이론적 바탕이 됐다.
3. 원자핵을 처음 발견한 과학자이다.
4. 원자 구조의 이해와 양자역학의 성립에 기여한 덴마크의 물리학자. 1922년 노벨 물리학상을 받았다.
5. 오스트리아의 이론물리학자로 양자역학의 발전에 기여했다.

유사하기 때문에 당시 과학계가 받은 충격이 얼마나 대단했을지 미루어 짐작할 수 있다. 앞서 말한 보어와 슈뢰딩거 등 당대 최고의 과학자들은 이 '우주 비니모형'의 정체를 밝히기 위해 인생을 바쳤다.

좀 더 본질로 들어가 보면, 전자는 원자핵을 중심으로 주위를 도는데 이 미세한 전자의 위치를 측정하기 위해서는 파장이 짧은 전자기파를 사용해야 한다. 그런데 전자기파의 파장이 짧으면 에너지가 커지기 때문에 측정 대상인 전자의 위치가 변하게 된다. 반면 전자의 운동 궤도에 영향을 주지 않기 위해 파장이 긴 전자기파를 쓰면 에너지가 너무 약해 전자가 선명히 관찰되지 않는다. 이것이 바로 양자의 위치와 운동량은 동시에 측정 불가능하다는 **베르너 하이젠베르크**(1901~1976)[6]의 '불확정성 원리'이다. 양자역학에서는 위치와 속도를 동시에 알 수 없으며 어디에 존재하는지 확률만 알 수 있다는 것이다.

전자를 가지고 벌인 과학자들의 흥미로운 실험이 하나 있는데, 전자총으로 **슬릿**[7]에 전자를 쏘아 슬릿 너머 스크린에 어떤

---

6. 독일의 이론물리학자. 닐스 보어의 지도 아래 원자 구조론을 검토하며 양자역학의 시초가 되는 연구를 했다.
7. 빛, 전자, 원자, 분자, 이온의 흐름 일부를 통과시키기 위해 광학 기계 등의 측정 장치 통로에 설치한 좁은 틈새를 말한다.

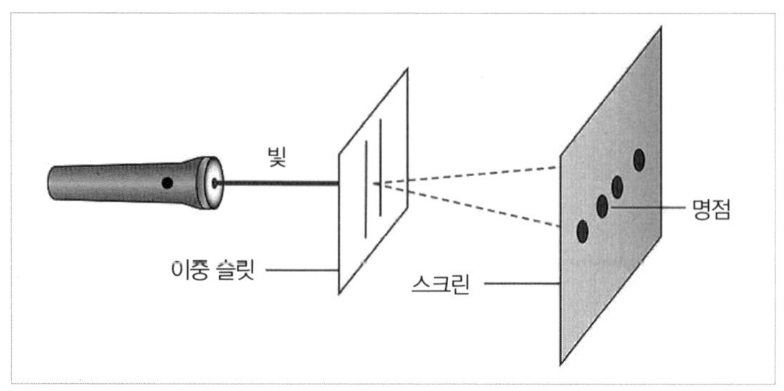

이중 슬릿을 지나는 빛의 파장 측정

흔적이 나타나는지 관찰하는 실험이다. 먼저 전자총으로 한 번에 대량의 전자를 쏘았더니 예상대로 스크린에 한 줄이 나타났다. 여기까지는 전자가 입자임을 방증한다. 문제는 이어진 실험들에서 발생했다.

대량의 전자를 두 개의 슬릿에 지나도록 했더니 신기하게도 여러 개의 줄, 이른바 **간섭무늬**[8]가 나타났다. 만약 전자가 입자라면 두 줄만 생겨야 하는데, 간섭무늬가 나타났다는 것은 전자가 파동임을 보여주는 것이었다. 흥미로운 실험은 또 이어졌는데, 세 번째 실험은 전자를 딱 하나만 발사해봤다. 그리고 두 개의 슬릿에 센서를 부착해 전자가 어떤 슬릿을 지나는지 관찰해 보았더니 전자가 50퍼센트의 확률로 둘 중 하나의 센서를 지나

8. 두 개 이상의 파동이 중첩하여 만드는 밝고 어두운 띠로 된 무늬를 말한다.

는 것을 관찰할 수 있었다. 이는 다시 전자가 입자임을 보여주는 것이었다.

마지막 실험으로 전자총에서 전자를 한 개씩 연속적으로 빌사해봤다. 세 번째 실험처럼 50퍼센트의 확률로 둘 중 한 개의 센서를 지나갈 것이니 당연히 두 줄이 나타나야 했는데 결과는 그렇지 않았다. 여러 줄의 간섭무늬가 생긴 것이다. 즉 관측할 때는 두 줄이 나오며 전자가 입자처럼 행동하지만, 관측하지 않을 때는 여러 줄이 생겼던 것이다. 마치 전자가 관측을 당하는지 아닌지를 아는 것처럼 움직이는 기이한 결과였다.

과학계는 기존의 지식으로는 전혀 납득되지 않는, 전자는 입자이자 파동이라는 이중성을 가지며 중첩된 상태로 있다가 측정과 동시에 하나의 상태로 결정된다고 결론지어야 했다. 그래야만 이 기이한 현상을 설명할 수 있었기 때문이다.

당시 양대 석학으로 추앙받던 아인슈타인과 슈뢰딩거는 이를 거부했다. 이들이 믿고 있던 과학의 절대법칙은 물리량이 측정과 관계없이 객관적인 값으로 존재해야 하는데 양자역학은 이러한 법칙을 따르지 않기 때문이다. 특히 슈뢰딩거는 양자역학의 불완전함을 증명하기 위해 그 유명한 '죽었으며 동시에 살아 있는 고양이' 실험을 하게 된다.

그는 이 **슈뢰딩거의 고양이 실험**9을 통해 우리가 측정 또는 관측하기 전까지는 고양이가 죽었는지 살아 있는지 알 수 없기 때문에 관측 전까지 두 가지 상태를 동시에 가질 수 있는 중첩 상태에 놓여 있다는 역설을 통해 양자역학을 비판했다. 물론 얼마 뒤 **안톤 차일링거**(1945~)[10] 교수는 원자나 전자에 부딪치지 않을 100퍼센트 진공 상태에서는 고양이도 간섭 패턴이 나올 수 있다는 걸 실험으로 입증하며 슈뢰딩거의 고양이 실험의 역설을 일정 부분 해결한 바 있다.

양자역학은 매우 흥미로운 분야임에 틀림없다. 이는 원자 속 전자의 에너지 상태가 연속적이지 않다는, 소위 불연속적인 세계 또는 예측 불가능의 세계를 설명한다고 하는데, 사실 그 누구도 제대로 이해하지는 못하지만 사용할 줄은 아는 불가사의한 이론이다.

고전 물리학이 설명하지 못한 미시 세계는 모두 양자역학으로 돌아가고 있으며 컴퓨터와 반도체가 양자역학 덕에 탄생했

---

9. 밀폐된 상자에 독극물과 함께 들어있는 고양이의 생존 여부를 이용하여 양자역학의 정통 해석을 비판하려 했다. 그러나 양자역학을 설명하는 데 이 '사고 실험'만큼 적절한 것이 없어, 지금은 오히려 양자역학을 쉽게 설명하는 이론으로 소개되고 있다. 상자 속 고양이의 생존 여부는 그 상자를 열어 관찰하는 여부에 의해 결정되므로 관측 행위가 결과에 영향을 미친다는 것을 증명한다.
10. 오늘날 가장 중요한 양자물리학자로 꼽히는 양자정보 이론의 대가. 순간이동 실험(빛다발 전송 실험)에 성공, 양자물리학에 대한 일반인의 관심을 증폭시키고 명성을 얻었다.

고, 4차 산업혁명 하면 떠오르는 인공지능과 사물인터넷 그리고 빅데이터 등도 양자역학의 기초적인 응용 분야에 지나지 않는다. 특히 '꿈의 컴퓨터'라 불리는, 양자현상 제어를 기반으로 한 **양자컴퓨터**[11]는 이미 우리 삶 가까이 와 있다. IBM 퀀텀(모델명 Q)이 대표적인데, 2018년 미국 라스베이거스에서 처음 선보였다. 기존 슈퍼컴퓨터로도 10억 년이 걸리는 소인수분해 문제를 IBM 퀀텀은 단 100초 만에 풀 수 있는 것으로 알려져 있고, 영하 273도를 유지해야 작동이 가능하며 전도율 높은 황금으로만 제작되었다고 하니 양자 세계는 파도 파도 끝이 없는 것 같다.

앞서 설명한 중첩 현상을 양자컴퓨팅에 대입해보면, 지금 우리가 사용하는 컴퓨터는 0과 1의 이진법으로 정보를 표시하는 데 반해 양자컴퓨터는 0과 1이 중첩되거나 얽히는 등 수많은 데이터 조합이 가능하다. 따라서 양자 어닐링Quantum Annealing, QA이라는 알고리즘을 응용하면 처리 속도가 상상을 초월하게 된다. 예컨대, 그토록 어렵다는 비트코인 채굴은 클릭 한 번만으로 끝나고 특히 암호학 분야는 가히 획기적인 발전을 경험하게 될 것으로 보인다.

- 매일경제 2019. 3. 28.

---

11. 양자역학의 원리 중 양자 얽힘, 중첩, 텔레포테이션의 효과를 이용해 계산하는 컴퓨터다. 기존 컴퓨터와 다른 독특한 연산법을 도입해 주목받고 있다.

세계의 호기심,
'모든 것의 이론'

지난 50년이 넘는 세월 동안 현대 물리학계에 먹구름이 드리워져 있다는 건 공공연한 비밀이다. 세상에 천재들이 부족해서일까. 그럴 수도 있다. 솔직히 지금 아인슈타인에 버금가는 천재를 찾기란 쉽지 않다. 하지만 천재들이 많다 하더라도 현대 물리학의 답보 상태는 별반 다르지 않았을 것이다.

그 이유는 바로 우리 인간의 우주에 대한 이해가 두 개의 이론으로 갈라져 있기 때문이다. 앞서 줄기차게 설명했던 일반상대성이론과 양자역학 말이다. 일각에서는 이 둘을 통합하는 것은 성별을 합치는 것과 같다고 비유할 정도다. 이론상 각각 연속적 거시 세계와 불연속적 미시 세계를 설명하는 것이니 현대 물리학에서는 이 둘을 상극으로 여기며 절대 양립할 수 없다고 보는 것이다.

그런데 얼마 전 별세한 스티븐 호킹 박사의 **호킹복사이론**[1]은 일반상대성이론과 양자역학의 양립 가능성을 보여줬다. 어쨌든 이 두 이론을 합쳐 **만물 이론**Theory of Everything[2]을 찾아내는 건 아인슈타인과 호킹 등 수많은 천재 물리학자들의 꿈이기도 했다. 생각해보라. 일반상대성이론은 거시 세계를 설명하는 현존 이론 중 최고의 이론이 분명하지만 양자역학은 원자와 전자가 사는 미시 세계를 대부분 설명할 수 있다고 인정한다. 그러니 과학자들에게 이 둘의 통합은 충분히 인생을 걸만한 도전일 것이다.

수많은 과학자들의 치열한 노력 끝에 드디어 만물 이론의 가장 유력한 후보인 **끈이론**String Theory[3]이 탄생했다. 물리학자나 수학자도 아닌 우리가 이를 완벽하게 이해하기는 불가능하지만 현재 우리가 살고 있는 세계를 설명하는 가장 발전된 이론이니 이해하려고 노력하는 것만으로도 가치가 있겠다.

양자역학에서 말하는 시공간은 그 어떤 것도 확실한 게 없

---

1. 블랙홀도 입자를 방출할 뿐 아니라 에너지를 잃어버릴 수 있으며 시간이 지나면 사라질 수 있다는 주장이다. 양자역학에서 말하는 불확정성의 원리에 따라 블랙홀로 빨려 들어가는 물질은 어떤 형태로든 에너지를 방출한다고 증명한 것을 '호킹 복사'라 한다.
2. 모든 물리적인 현상과 그 관계를 완벽히 설명하기 위한 가설. 자연계의 네 가지 힘 중력, 강력, 전자기력, 약력을 하나로 통합하는 가상의 이론을 가리킨다.
3. 만물의 최소 단위가 입자가 아닌 '진동하는 끈'이라는 이론. 입자의 성질과 자연의 기본적인 힘이 끈의 모양과 진동에 따라 결정된다고 설명한다.

는 불연속의 세계이다. 따라서 여기는 무척이나 혼란스럽고 무질서한 나머지 시공간이 굉장히 왜곡되어 있다. 이는 일반상대성이론이 묘사하는 매끄럽고 질서정연한 기하학적 시공간 개념과 정면으로 충돌하는 것이다. 하지만 이를 곧이곧대로 받아들일 수만은 없는 입장이다.

우리는 소립자들의 끊임없는 요동부터 은하계의 장엄한 소용돌이에 이르기까지 모든 것을 한 번에 설명할 수 있는 완벽한 방정식이 필요하다. 그리고 이 공식이야말로 세계가 어떻게 운영되는지 그 비밀을 찾는 실마리가 될 거라는 믿음이 있다.

그럼 어떻게 이 두 이론을 통합할 수 있을까. 원론적으로는 간단하다. 일반상대성이론이 '중력'에 관한 이론이라는 것은 잘 알려져 있다. 한편 양자역학은 세 가지 힘을 담고 있는데, 첫 번째 힘은 원자 내 양성자와 중성자를 단단하게 결속시키고 있는 힘인 '강력', 두 번째는 전기력과 자기력을 합친 '전자기력' 그리고 세 번째 힘은 우리에게도 친숙한 '약력', 바로 방사능 붕괴를 일으키는 힘이다.

중력, 강력, 전자기력 그리고 약력 이렇게 네 가지 힘은 우리 인간이 이해하고 있는 우주를 지배하는 힘이다. 따라서 이 네 가지를 종합하는 한 개의 방정식을 완성하면 그게 바로 앞서 말한 만물 이론이 될 수 있다. 그리고 신의 영역일지도 모르는 이 이론에 가장 가까이 다가간 이론이 바로 '끈이론'이라는 것이다.

끈이론은 1968년 이탈리아의 물리학자인 **가브리엘레 베네치아노**(1942년~)[4]에서 시작해 스탠퍼드 대학의 **레너드 서스킨드**(1940년~)[5], 캘리포니아 공대의 **존 슈바르츠**(1941년~)[6]와 캠브리지 대학의 **마이클 그린**(1946년~)[7]을 거치면서 1984년에 세상에 발표됐다. 당시 수학적으로 네 가지 힘을 통합했다는 평가를 받으며 세상을 떠들썩하게 했다.

끈이론 이전 시대에는 자연계를 구성하는 최소 단위 원자와 그 속의 소립자들을 극도로 작은 점쯤으로 여겨왔다. 하지만 끈이론은 세계를 구성하는 최소 단위를 '끈'이라고 주장한다. 작은 먼지를 떠올려 보면 이해가 쉽다. 그 먼지는 수십억 개의 작은 원자로 구성되어 있다. 그리고 원자 하나는 원자핵과 그 주위를 도는 전자로 이루어져 있는데, 원자핵은 다시 양성자와 중성자로 구성되어 있다. 그리고 쿼크quark라는 작은 입자는 이런 양성자와 중성자를 구성하고 있는 기본 재료이다.

끈이론 학파는 이 쿼크보다도 훨씬 더 작은 입자가 존재한다

---

4. 이탈리아 출신 이론 물리학자. 끈이론 창시자 가운데 한 사람이다.
5. 끈이론, 양자장론의 대가로 알려진 세계적인 이론 물리학자.
6. 미국의 이론물리학자. 영국의 마이클 그린과 함께 '초끈이론'을 발전시켰다. 만물이 진동하는 가느다란 끈으로 이루어져 있으며, 이 끈들은 진동 패턴에 따라 입자마다 고유한 성질이 생긴다고 주장했다.
7. 초끈이론 창시자 중 하나인 영국의 이론물리학자. 스티븐 호킹의 뒤를 이어 케임브리지대 루커스 수학 석좌 교수를 지내기도 했다.

고 말한다. 이것이 바로 우주의 만물을 구성하는, 진동하는 가느다란 끈이다. 이 끈은 각자 진동하는 패턴에 따라 고유한 질량과 전하를 갖고 있는데, 이 미세한 끈이야말로 거시 세계와 미시 세계를 하나의 세계로 이어주는 열쇠가 될지도 모른다는 것이다.

하지만 이 급진적인 이론에는 두 가지 한계가 존재한다. 첫째는 수학적 이론으로는 증명되었지만 실험을 통한 검증이 불가능하다는 점이다. 이러한 이유로 주류 물리학자들은 이 끈이론을 인정하지 않는다. 그도 그럴 것이 끈이론 학자들이 끈이론 방정식을 수학적으로 증명하기 위해 '여분의 차원'이란 개념을 차용했기 때문이다. 다시 말하면 이들의 방정식은 세계를 1차원인 시간과 3차원인 공간, 총 4차원의 시공간이 아닌, 시간 1차원과 공간 10차원 총 11차원의 세계로 가정한다.

이게 무슨 뚱딴지같은 소리일까. 원자와 전자 간 역학을 통해 우주의 미니모형을 발견한 건 우리 인간이었지만—예컨대 1916년에 중력이 4차원의 시공간을 구부러지고 휘어지게 한다는 걸 밝힌 건 아인슈타인이었다—어쩌면 우리 눈에 보이지 않는 여분의 차원이 존재할 수도 있다는 생각이 든다. 이 천재들이 세상은 11차원으로 이루어져 있다고 주장하는데 우리 같은 보통사람이 어쩌겠는가. 2차원 세상의 사람이 3차원 세상 사람의 삶을 이해할 수 없는 것과 같은 논리이니 11차원의 세상을 말하는 이들의 주장을 받아들이는 게 오히려 속 편할지도 모른다.

끈이론이 갖고 있는 또 다른 한계는 바로 변형이론의 존재이다. 모든 끈이론은 여분의 차원을 기반으로 하고 있지만, 한쪽에선 끈이 열린 형태라 말하고, 다른 한쪽에서는 닫힌 고리 형태라고 말한다. 심지어 어떤 끈이론 학자들은 11차원이 아닌 무려 26에 달하는 차원이 있다고 말하기도 한다. 문제는 이러한 모든 변형이론 역시 수학적으로 증명이 되었다는 점이다. 말하자면 끈이론 학자들은 '끈이론은 우주를 기술하는 마지막 이론'이라 주장하지만 얼마 지나지 않아 여러 개의 끈이론 방정식을 내놓으며 그중 하나를 고르라고 하는 형국인 것이다.

2014년 개봉한 영화 〈인터스텔라〉에서 주인공이 자신의 딸에게 시공간을 초월하여 신호를 보내는 장면, 또한 최근 우리나라를 강타한 영화 〈신과함께〉 시리즈에서 천 년을 거슬러 얽히고설킨 인연의 끈을 보면서 일반상대성이론과 양자역학 그리고 끈이론까지, 우리 세계와 우주의 비밀을 밝혀줄지도 모르는 이것들에 관심을 갖게 되었다.

하지만 천체 물리학자 **닐 디그래스 타이슨**(1958년~)[8]이 저서

8. 미국의 천체 물리학자이자 대중 과학운동가. 최근 가장 영향력 있는 천체 물리학자로 주목받고 있으며 칼 세이건의 뒤를 이어 다큐멘터리 〈코스모스〉 2014년판의 진행을 맡기도 했다.

『날마다 천체 물리』에서 꼬집었듯이, 우리는 천문학을 포함한 과학을 우리와는 상관없는 세상의 일로 여기고 있는지도 모르겠다. 사실 틀린 말도 아니다. 일반상대성이론이고 양자역학이고 끈이론이고 우리는 그저 일자리가 필요할 뿐이고 자유와 평등, 그리고 인권이 보장되는 곳에서 인간다운 삶을 살고 싶을 뿐이니까.

- 매일경제 2019. 4. 4.

두 명의 천재,
하나의 이야기

앞서 인용한 닐 디그래스 타이슨의 말처럼 우리 사회는 물리학 특히 천문학을 나와 상관없는 세상의 일쯤으로 여기는 경향이 있다. 그래서일까. 영재나 천재를 마주할 때면 그들이 세상을 위해 특별한 일을 할 수 있으며 또 그렇게 해야 한다고 생각하곤 한다. 이런 사회 분위기는 천재들로 하여금 천문학을 평생의 업으로 선택하도록 만들기도 한다.

물론 천재들의 이러한 선택에는 여러 이유가 있겠지만, 아마도 일반상대성이론, 양자역학, 끈이론 등 보통 사람들은 당최 이해할 수 없는 고도의 이론을 통해 미지의 세계인 우주를 알아갈 수 있는 유일한 통로가 천문학이라는 믿음이 주효한 것 같다. 쉽게 말해 우주는 인간이 호기심을 가질 수 있는 대상 중 '끝판왕' 그 자체이기 때문에 우리가 천재들을 이쪽으로 몰고 있는 것인지도 모르겠다.

나는 이러한 천재들의 삶, 특히 우리와 동시대를 살고 있는

'한국판 천재들'의 삶을 살펴보고자 한다.

당시 네 살에 불과한 아이가 아인슈타인을 능가하는 지능을 보유했다고 해서 우리 사회를 놀라게 했던 김웅용 씨를 기억할 것이다. 심지어 1980년판 기네스북에 '세계 최고 지능지수 보유자'로 등재되기까지 했으니 세상이 그의 머리를 인정한 셈이다. 세 살에 미적분을 풀고 다섯 살에는 5개국어(영어, 프랑스어, 독일어, 일본어 그리고 한국어)에 능통했으며 일곱 살 때 미국 콜로라도 주립대 석·박사과정에 입학한 김 씨는, 여덟 살엔 나사에 화성 탐사 연구원으로 스카우트되기까지 했다. 이러한 그의 이력을 소개하자니, 마치 단군, 주몽, 박혁거세 등 신화에 나오는 인물에 대해 이야기하는 기분이 든다. 게다가 이 모든 게 50여 년 전 이야기이므로, 당시 우리 사회가 받았을 충격이 어느 정도였을지 굳이 말하지 않아도 될 것 같다.

하지만 오래 지나지 않아 중력만큼이나 거스를 수 없는 자연의 섭리, 한 인간이 사회 안에서 살아가며 인간됨을 완성해가는 과정인 사춘기가 승승장구하는 그의 앞길에 제동을 걸었다. 콜로라도 주립대와 나사에 근무할 때 한국인, 심지어 아시아인이 자신 밖에 없었다니 결코 쉽지 않은 삶이었을 것이다. 그는 "눈을 씻고 봐도 내 고민에 공감해 주는 친구를 단 한 명도 찾을 수 없었다"고 당시를 회상한다. 결국 열여섯 살이 되던 1978년에 귀국해 한국 천문학 발전에 기여하고자 했다. 원조 천재의 삶에 제2막 같은 길이었기에 그에게는 무척이나 특별한 순간이었을 것이다.

그런데 나사에서도 요구하지 않은 대학 졸업장이 없다는 이유로 국내 어느 연구소에서도 그를 받아주지 않았다. 대학에서 천문학 연구를 위한 배움이 필요했을 뿐, 학위 취득에 연연하지 않았던 것이 이렇게 발목을 잡을 줄은 꿈에도 몰랐다. 어쩔 수 없이 초중고 검정고시를 봐야 했고, '실패한 천재'라는 주위의 따가운 눈총에 전공마저 토목공학으로 바꿔 현재는 신한대학 교수로 재직하고 있다. 물리학과는 영영 이별한 것이나 다름없다.

첫 번째 천재의 탄생으로부터 35년 후 또 한 명의 천재가 나타났다. 바로 송유근 씨다. 그는 다섯 살 때 미적분을 풀고 일곱 살에 양자역학을 이해했다고 알려진다. 앞서 마흔에 가까워지고 있는 내가 그토록 힘들게 설명해보고자 했던 양자역학을 일곱 살 아이가 이해했다니, 나로서는 그저 기가 막힐 뿐이다.

앞서간 천재의 길을 반면교사로 삼았던 것일까. 반드시 학위가 필요한 한국 사회! 송유근은 여덟 살에 인하대학교에 입학하며 한국 최연소 대학생이라는 타이틀을 거머쥐었다. 물론 김 씨도 이겨내지 못한 사춘기라는 어둠의 힘에 굴복해 결국 입학 2년 만에 자퇴를 선택했지만 말이다. 이를 두고 천재의 실패가 반복됐다며 비난 여론이 일던 찰나, 그는 과학기술연합대학원대

학교UST의 천문우주과학 전공 석·박사 통합과정에 입학하며 여론을 잠재웠다. 그의 나이 열두 살 때였다.

국내 최연소 박사의 탄생이라는 반가운 소식만을 기다리던 우리들에게 송유근 씨의 논문 표절과 박사학위 취득 실패라는 다소 충격적인 소식이 전해졌다. 그가 몇 해 전 해외 학술저널에 투고했던 논문이 표절 판정을 받아 저널 게재가 철회되었고, 이 때문에 2018년 6월 졸업을 위한 박사학위 논문 최종 심사에서 불합격한 것이다. 졸업 연한인 8년 내에 박사학위를 취득하지 못했기 때문에 그에게 남은 것은 수료장 한 장뿐이었다.

송 씨는 이런 논란에 대해 "과거 지도교수의 논문을 발전시켜 '블랙홀 방정식'이라는 새로운 이론을 만든 것인데 인용 문구를 넣지 않아 표절 논란에 휩싸인 것일 뿐, 나는 세상으로부터 인정받고 싶어 블랙홀 연구를 하는 게 아니라 그저 우주와 밤하늘, 천체물리학이 좋아서 이 길을 선택한 것이다"라는 예상치 못한 답변을 내놓아 우리를 한 번 더 놀라게 했다.

이런 굳은 심지를 증명하듯, 그는 얼마 후 일본 도쿄에서 열린 천문학회에 참석해 논란이 일었던 그 연구 내용을 발표했다. 다행히 그 학문적 가치를 인정받아 도쿄 미타카 국립천문대에 연구원으로 초청되었고, '오카모토 방정식'의 신화로도 유명한 오카모토 이사오 명예교수의 지도 아래 천문학 연구에 매진할 수 있었다. 하지만 그것도 잠시 뿐, 조국의 부름을 받아 2018년

12월 현역으로 입대했다.

오카모토 명예교수는 송유근 사태를 두고 "가능성이 충분한 청년을 망가뜨리는 것은 한국에도 마이너스라고 생각한다"며 아쉬움을 내비친 바 있다. 그는 이어 "정신적으로나 학문적으로 지원이 필요하다면 전력을 다해 도울 것"이라며 송 씨의 발전 가능성을 높이 평가하기도 했다.

사실 우리 사회는 오카모토 명예교수의 이런 평가에 귀 기울일 필요가 있다. 다른 이유는 제쳐두고라도, 그는 우리와 교육과 문화 등 많은 부분에서 동질감이 느껴지는 이웃나라 일본의 학계에 몸담고 있으며, 거기서도 학문적 기여와 업적을 상당히 높게 평가받는 인물이다. 일본은 지금까지 23명의 노벨 과학상 수상자를 배출했고, 물리학상 수상자만도 10명이 넘는다. 노벨과학상 수상자를 한 명도 배출하지 못한 우리로서는 일본 원로교수의 말을 한 귀로 듣고 한 귀로 흘려버리기에는 무언가 씁쓸하고 아쉬움이 남는 것이 사실이다.

천재에게 과열된 기대를 걸고 실패와 부침을 이해하지 못하며 재기를 응원해주지 못하는 관용이 부족한 사회. 이런 야박한 실정이 끝내 천재의 날개를 꺾는 것은 아닌지 생각해볼 일이다.

- 매일경제 2019. 4. 11.

지금은
기초과학을 일으킬 때

앞서 나는 수차례 물리학의 핵심 이론을 설명해보려 노력했다. 일반상대성이론과 양자역학 그리고 이를 통합하려는 끈이론에 대해 이해하려는 노력은 곧 또 다른 삶의 재미를 찾아가는 과정이 아닐까. 그리고 이런 관심이 결국 우리나라의 기초과학, 더 나아가 과학기술을 발전시키기 때문에 그 중요성은 아무리 강조해도 지나치지 않는다. 특히 송유근 씨의 상황을 가까이서 지켜보았던 일본의 한 원로교수의 고언은 우리 사회에 적지 않은 함의를 던져준다. 이런 관점에서 140년의 기초과학의 역사, 23명의 노벨 과학상 수상자를 배출한 이웃나라 일본을 주목할 필요가 있다.

2018년 노벨 생리의학상 수상자인 **혼조 다스쿠**[1] 교수는 '호

---

1. 면역 요법을 통한 암 치료법을 발견한 일본 교토대 의과대학 교수. 제임스 앨리슨 텍사스 주립대 면역학과 교수와 공동으로 2018년 노벨 생리의학상을 수상했다.

기심→ 용기→ 도전→ 확신→ 집중→ 연속'이라는 그의 연구 철학 6대 원칙을 소개했다. 나 역시 학문 연구를 업무의 한 축으로 다루고 있는 입장에서 이와 같은 원칙에 공감이 간다. 이런 6대 원칙에 비추어 보면 우리나라 과학교육 시스템에는 앞의 네 가지(호기심, 용기, 도전, 확신)가 결여돼 있는 것 같다. 뒤의 두 가지(집중, 연속)는 매우 강할지도 모르겠다.

이런 문제의식은 23명의 노벨 과학상 수상자를 배출한 일본도 예외는 아닌 듯하다. 2014년 노벨 물리학상을 받은 **나카무라 슈지**[2] 교수는 "이보다 더 나쁜 교육 시스템은 없다"며 일본을 비롯해 중국과 한국의 교육 시스템을 맹비난했다. 교육의 목적이 오직 이름난 대학에 들어가는 데 있다는 비판이었다.

이런 견해를 듣다 보면, 한국의 교육 시스템이나 사회 분위기가 정말로 어린 천재들이 세계적 물리학자나 천체물리학자로 성장할 수 있는 기회를 짓밟고 있는 것 아닌가 하는 우려가 앞선다. 과정이야 어떻든 우리의 호기심을 만족시켜주기 위해 천문학에 인생을 걸었던 천재들이 한 명은 토목공학 교수가 되고, 또 한 명은 논문 표절에 이어 박사학위 취득 실패 후 결국 현역 입대할 수밖에 없었단 점은 분명한 사실이다. 도대체 왜 이런

---

2. 일본 태생의 미국 국적 전자공학자. 청색 LED를 개발하고 실용화한 공로로 아카사키 이사무, 아마노 히로시와 함께 노벨 물리학상을 수상했다.

상황이 이어지는 것일까. 그것도 꼭 데자뷔를 보는 것처럼 말이다. 개인의 문제보다는 주위 환경 등 제도적 측면에서 살펴볼 필요가 있다.

우리나라에는 기초과학연구원이 있다. 7~8년 전 국제 과학비즈니스벨트 사업의 일환으로 한국 기초과학 역량을 세계적 수준으로 높이겠다는 비전 아래 출범한 기관이다. 섣부른 예측은 금물이지만, 머지않아 독일 **막스플랑크연구소**[3]나 일본의 **이화학연구소**[4]처럼, 노벨상 사관학교가 될 가능성도 없지 않다. 몇 해 전 세계적인 과학 학술지 『네이처』가 그들의 연구 실적 평가 지표Nature Index에 근거해 기초과학연구원의 학문적 약진에 대해 긍정적인 평가를 내놨던 점을 생각해보면 말이다.

이와 같은 정부의 노력이 반갑기는 한데 기초과학 선진국들에 비하면 여전히 뭔가 부족한 느낌이 든다. 이는 기초과학을

---

3. 20세기 초 카이저 빌헬름 재단이 과학자들이 기초과학 연구에 몰두할 수 있도록 설립한 연구소. 제2차 세계대전 이후 카이저 빌헬름 학회 소속 29개 연구소를 중심으로 막스플랑크협회를 만들고, 이 연구소를 운영하게 됐다. 연방정부 및 16개 주정부가 운영 자금을 지원하지만 아무 간섭도 받지 않으며, 지금은 과학 외에도 인문, 예술 분야 연구도 이루어지고 있다.
4. 일본 문부과학성 산하 과학기술 연구소로, 자연과학 분야를 비롯 과학과 기술에 관한 포괄적 연구를 진행해 기술 발전의 결과를 대중에게 확산시키기 위해 설립됐다. 연구 성과 보급을 위해 특허 등 지적소유권을 산업계에 이전하는 데도 적극적이다. 약칭으로 '리켄'이라고도 부른다.

	2016년	2017년	2018년
수학	2위	1위	7위
물리	1위	1위	3위
화학	2위	6위	3위
생물	9위	5위	8위
지구과학	3위	8위	5위
천문학	4위	3위	7위

국제올림피아드 한국 대표팀 순위 (출처: 국제올림피아드 홈페이지)

바라보는 국가 인식에서 비롯된 것일지도 모르겠다. 예컨대 우리나라 과학 연구는 기초과학 연구가 3할이고, 응용과학 연구가 7할 정도로 이루어져 있다. 여기에 기초과학은 말할 것도 없고 응용과학 연구 역시 민간 주도가 아닌 정부가 상당 부분 적극 개입하고 있는 실정이다.

반면 기초과학 선진국들은 평균적으로 과학 연구의 3분의 1을 응용 분야로 진행하고 나머지는 모두 기초연구에 집중한다. 그리고 우리와 다르게 응용연구는 민간이 주도하는 편이다. 이렇듯 과학자의 열정과 국가의 정책 지원 그리고 민간의 창의성이란 3가지 조건이 절묘하게 조화를 이뤄야만 성과를 내는 것이 바로 기초과학인 것이다.

한 국가의 기초과학 발전 가능성을 가늠하는 또 다른 합리적 기준은 과학 관련 국제올림피아드 대회 성적이다. 물론 참가 학생들의 대회 성적이 그 나라의 학문 수준과 직접적인 관계가 있다고 볼 순 없다. 그렇든 아니든 간에, 국제올림피아드 대회는 작게는 미래 세대의 과학에 대한 관심을 높이고, 넓게는 과학교육 및 교육연구의 발전을 도모하기 위함이며, 궁극적으로는 국가 전체의 과학적 마인드 함양에 기여하기 위해 매년 개최된다. 이런 국제올림피아드는 수학·물리·화학·생물·지구과학·천문 등 여러 분야가 있고 전 분야에 걸쳐 한국 학생들의 성적은 상위권이다.

하지만 수년 전 국가 차원에서 기초과학 역량을 대폭 끌어올리겠다며 기초과학연구원도 설립하고 수많은 연구개발 관련 정책 지원을 쏟아왔음에도 불구하고, 한국의 국제올림피아드 종합 순위는 대체적으로 하락 추세라는 게 문제다. 다가오는 4차 산업혁명 시대에 꼭 필요한 핵심 인재 육성에 빨간불이 켜졌다고 볼 수 있는 대목이다. 기초과학이 튼튼해야 4차 산업혁명 시대를 대비해 인공지능이든 빅데이터든 이를 활용한 국가 성장 동력을 만들어 낼 수 있는데 말이다. 특히 노벨 과학상 수상은 말할 것도 없겠다.

-매일경제 2019. 4. 18.

천재를 다루는 법, 기다림

우리나라의 천재들부터 기초과학의 중요성에 이르기까지 다소 폭넓은 주제로 글을 쓰면서 우리나라 영재 육성 시스템에 근본적인 의문을 던지지 않을 수 없었다. 전국의 영재교육기관은 2천 군데가 넘고 대상자는 10만 명에 육박한다. 그런데 영재 개념은 여전히 모호한 게 사실이다. 영재교육진흥법 제2조에는 '재능이 뛰어난 사람으로서 타고난 잠재력을 계발하기 위해 특별한 교육을 필요로 하는 자'라 정의하지만 실제로는 이런 애매모호한 정의 때문에 "우리 아이는 놔두고 왜 저 아이만 뽑느냐"는 치맛바람이 굉장하다고 한다. 그러다 보니 필기시험으로 영재를 선발하고 사교육으로 영재를 만들어 내는 기막힌 상황이 벌어지는 것이다.

그 결과 영재를 조기 선발해 집중적으로 성장시키기 위한 영재교육원이 특목고나 대학 입시를 위해 거쳐야 할 엘리트 코스쯤으로 여겨지고 있다. 심지어 국내 최고의 영재고로 불리는 서울과학고의 의대 진학률이 20퍼센트가 넘는 것을 보면 과학기술 인재 양성이라는 본래 설립 취지는 사라진지 오래된 것처럼 보인다.

얼마 전 우리 사회의 입시 열풍을 풍자한 드라마 〈SKY 캐슬〉[1]이 큰 화제였다. 우리는 이 드라마를 보며 배우들의 극세사 연기에 빠져듦과 동시에 이 이야기가 마냥 허구가 아닌, 치열한 입시 현실 속에서 실제 벌어지고 있는 행태라는 서글픈 현실을 고스란히 받아들여야만 했다. 드라마에는 자녀를 서울대 의대로 이끌어 줄 절대 권력자 '입시 코디네이터'가 등장한다. 물론 등장인물들이 자행한 사건들은 재미를 위해 다소 과장되어 있다. 그럼에도 우리 사회 저변에 깔려 있는 그 무엇, 즉 자식을 명문대에 보내기 위해서라면 어떤 일이라도 하겠다는 이 시대 학부모들의 집념이 여실히 드러난다.

이런 치맛바람은 어떻게 막을 수 있을까. 답은 간단하다. 천재는 글자 그대로 하늘이 내린다. 예를 들어 영재교육기관 입학요건을 만 10세에 중고등 검정고시를 모두 통과해야 한다고 못박아버리면 된다. 그럼 가짜 영재들 사이에서 '진짜' 옥석을 가

1. 한국 상류층 알파맘의 교육 현실을 보여주는 JTBC 드라마. 알파맘은 아이가 어릴 때부터 탄탄한 정보력을 바탕으로 체계적으로 학습을 시킨다.

릴 수 있을 것이다. 물론 이런 교육에 관련된 논쟁은 쉽사리 결론 내릴 수 없다는 것을 잘 안다. 교육의 결과는 수십 년 후에나 나타나기 때문에 지금 당장 누가 맞다고 말할 수 없는 것이 사실이다.

그럼에도 진짜 영재 입장에서는 자신의 의지와 상관없이 세상에 나왔더니 사람들이 '천재'라 부르고, 우주를 연구해보라고 해서 했더니만 실패를 용인하지 않고 엄격한 성공의 잣대를 들이대고 있는 모양새다. 김웅용 씨와 송유근 씨의 사례를 더듬어 보면 말이다. 게다가 어릴 때는 '전폭 지원하겠다', '우리나라에 제2의 아인슈타인이 탄생했다', '대한민국 최초 노벨 물리학상 수상자가 배출될 것이다' 등 온 세상을 다 줄 것처럼 추앙하더니 성인들의 경쟁 사회로 들어오니 천재를 천재답게 놔두지 않고 있는 꼴이다.

중성미자 연구로 2015년 노벨 물리학상을 수상한 일본 가지타 다카아키 교수는 소립자 검출 연구 장비인 **슈퍼카미오칸데**[2]에만 천억 원 가까이 투자를 받았는데, 이는 기초과학에 대

---

2. 일본의 대형 체렌코프 우주소립자 관측 장치를 말한다. 또한 가지타 교수의 연구에는 중력파 관측소로 잘 알려진 미국의 라이고LIGO, 유럽의 비르고VIRGO와 함께 세계 3대 관측소로 알려진 일본의 카그라KAGRA가 투입되었다.

한 일본 정부와 국민들의 신뢰가 상당히 높기 때문이라고 한다. 과학연구 결과가 곧바로 상용화되거나 실생활에 영향을 미치지 않더라도 크게 개의치 않는 사회 분위기가 과학의 발전과 노벨상 수상으로까지 이어졌다는 것이다.

장기적으로 투자해야 성과가 나오는 이 경쟁판에서 결과만을 강조하는 우리 사회 풍토로는 노벨 과학상 수상자를 배출하기 어려울 것이다. 심지어 정부의 탈원전 정책의 영향으로 원자력 및 양자공학과를 택하지 않는 인재들이 늘고 있다니 말이다. 정부 정책의 성과물이 빨리 나오지 않으면 바로 정쟁으로 끌고 가는 사회 분위기가 분명 존재한다. 그렇기 때문에 가시적인 성과가 나오기까지 수십 년이 걸리거나 아예 성과가 없을지도 모르는 이런 기초과학 분야에 얼마나 기대를 걸 수 있을지도 의문이다.

문재인 대통령은 북한을 두고 이렇게 표현한 바 있다. "불면 날아갈까, 쥐면 부서질까 하는 마음으로 이 문제(북핵)를 다루고 있다"며 유리그릇 다루듯 해야 한다고. 그렇다. 이 말이 정답이다. 국가든 부모든 영재를 이렇게 다루어야 한다. 특히 과학자도 성공할 수 있다는 걸 믿는 부모들이 많아지면 많아질수록 우리의 기초과학이 발전할 것이다.

이런 관점에서 부모의 역할이 가장 중요한데, 맹자의 어머니가 자식 교육을 위해 세 번 이사했다는 맹모삼천지교는 그때나

지금이나, 특히 우리 사회에서는 당연한 정설로 통한다는 데 누구나 공감할 것이다. 사실 자식을 향한 어머니들의 이런 열정을 누가 탓할 수 있겠는가.

하지만 맹모삼천지교라는 말이 담는 본 취지는 인간의 성장과 교육에 있어 부모의 극성보다는 환경이 갖는 중요성을 말하는 것이다. 즉 맹자의 어머니가 우리에게 주는 혜안은 가짜 천재를 길러내는데 방점을 둔 것이 아니라 진짜 천재를 제대로 길러낼 수 있는 건설적이고 생산적인 환경을 만드는데 있다. 성과에 연연하거나 조급해하지 않으며 세상과 소통하고 호흡할 수 있도록, 그리고 다스쿠 교수가 말한 대로 '호기심→ 용기→ 도전→ 확신→ 집중→ 연속'이란 일련의 과정이 실현될 수 있도록 영재들을 기다려주고 격려할 수 있도록 우리 모두 노력해보자.

- 매일경제 2019. 4. 25.

trzi wicemistrz
Śląska

BĘDZIEMY
GŁOSOWAĆ
W 57 OBWODACH
WYBORCZYCH

Przygotowania do zbliżają-
cych się wyborów do Sejmu
i rad narodowych już się raz
[illegible] Przy [illegible] MRN w
Gliwicach powołało Zespół
Wyborców, którego człon-
[illegible]

Jeden

Magazyn

W ubiegłym ty[illegible]
w Tyszku odbiór
dynku magazynu
Obiekt ten wznie[illegible]
w okie Przedsię[illegible]
downictwa Prz[illegible]
Centrali Surowc[illegible]
cych i Skórzany[illegible]
będzie jednym z
[illegible]

23 [illegible]

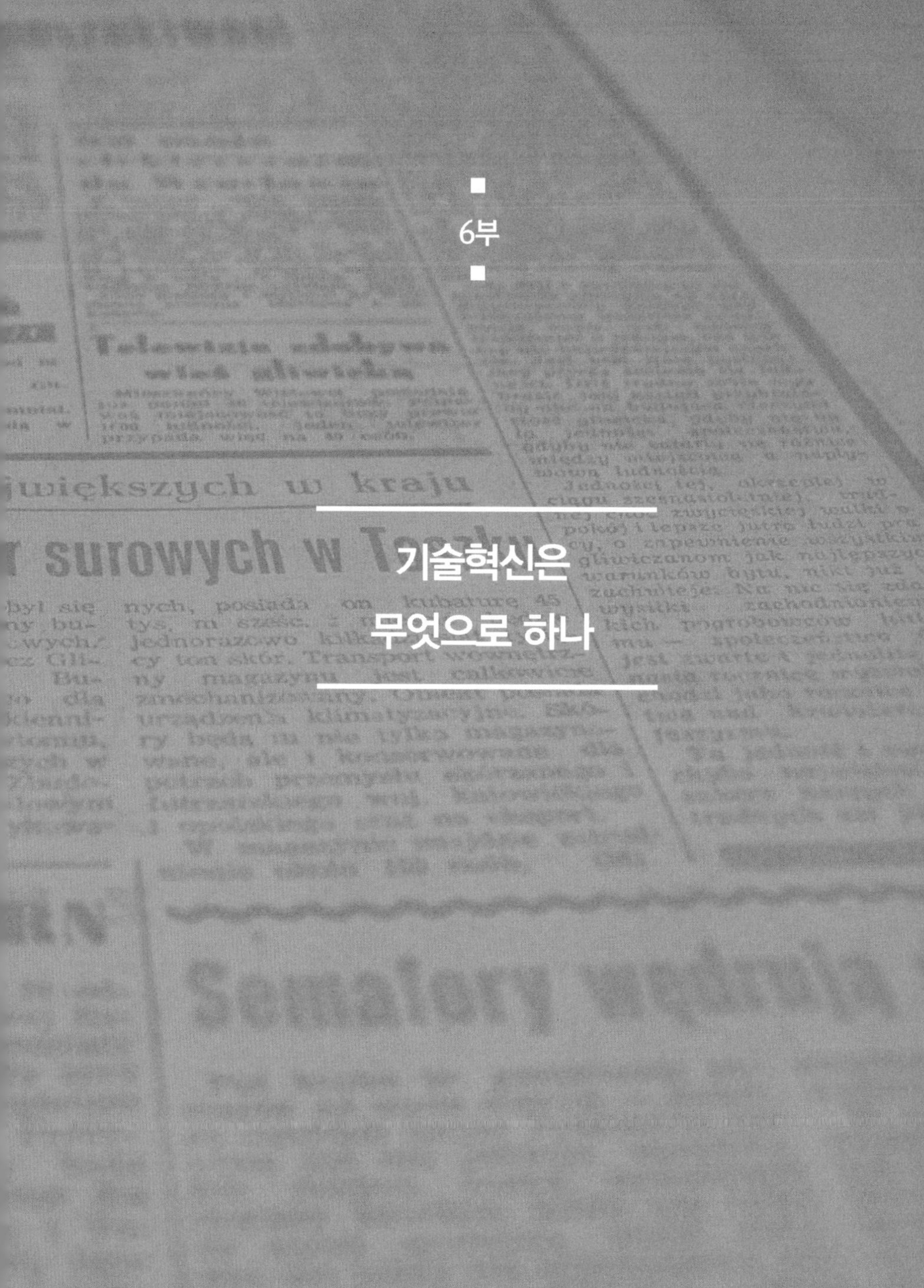

6부

기술혁신은 무엇으로 하나

6부

기술혁신은 무엇으로 하나

'AI를 거머쥔 자가 미래를 지배한다'는 말이 있다. 인공지능AI, 사물인터넷IOT 등 지능정보 기술이 새로운 미래를 열 것이라는 전망이다. 진화에 진화를 거듭해 인간처럼 배우고 행동하는 수준까지 이른 AI는 4차 산업혁명의 기반이 되는 기술로, 이로 인해 모든 산업이 재편되고 우리 삶이 혁명적으로 바뀔 것이라는 예측도 나온다.

일본 최대 소프트웨어 유통회사이자 IT 투자기업 '소프트뱅크' 손정의 회장은 "25년 전 시작된 인터넷이 세상을 더욱 편리하게 했는데, AI는 인터넷보다 훨씬 빠르게 큰 변화를 가져오고 사회 전 분야를 바꾸는 등 다른 세상을 만들어 낼 것"이라고 말하기도 했다.

그렇다면 우리 사회는 AI가 창조해 낼 새로운 미래를 맞이할 준비가 됐을까? 오늘날의 기술혁신 사회가 도래하기 전, 인류는 빛(에너지), 운송, 정보통신의 혁명을 차례로 거치며 현대문명을 이룩했다. 한마디로 말해 '끊임없는 새로운 기술 등장에 따른 도약의 결과로 불연속적 발전'을 이룬 것이다. 앞으로의 기술혁신도 '융합'이라는 새로운 접근 방식을 통해 비약적으로 발전할 것이라고 본다.

'6부 기술혁신은 무엇으로 하나'에서는 과학기술 발달을 통한 문명화의 역사를 살펴보고, 이를 바탕으로 다가올 기술혁신 사회를 살아가기 위해서는 어떤 교육과 준비가 필요한지를 생각해본다.

특히 기술혁신은 안락하고 풍요로운 미래를 약속하기도 하지만 불평등을 심화시키기도 한다. '혁신 기술의 요람' 실리콘밸리가 미국에서 불평등이 가장 심한 지역이기도 한 것처럼. 기술혁신의 발전 속도가 매우 빨라 낙오되는 계층이 나타나기도 하고, 기술진보에서 오는 이익 대부분이 가진 자들에게 돌아가는 것이 현실이기 때문이다. 따라서 급변하는 기술혁신 시대에 국가는 낙오된 소외 계층을 돌보고 다양한 이해관계를 발 빠르게 조율하며 합리적으로 규제하는 '조정자'의 역할이 요구된다.

빛과 운송의 현대 문명

세상의 진보나 발전을 논할 때 인류 문명이라는 말을 사용한다. 예컨대 세계사를 다루는 거의 모든 책 속에는 인류 문명의 탄생을 다루는 장이 있다. 또한 천주교나 개신교 등에 소속된 수많은 세계적 종교 지도자들은 인류 문명을 평화만큼이나 자주 사용하며 이를 통해 궁극적으로 인류 평화를 위한 메시지를 전한다. 이처럼 인류 문명이란 원초적으로 인간애와 박애 정신이 내재된 숭고한 표현인 것이다.

한편, 이 표현을 과학이나 기술에 관계된 분야에 사용하면 논의의 초점이 전혀 달라진다. 어원을 살펴보면 문명이란 자연에 대한 조작이나 개발 또는 진보나 발달의 측면을 담고 있다. 즉 과학이나 기술 발전을 통해 우리 사회가 더 고도로 발달되는 일련의 과정이나 형태를 내포하고 있는 것이다. 물론 여기서 말하는 문명화의 과정, 이른바 '고도의 발달'에는 과학이나 기술의 발전이 미치는 직접적인 영향뿐만 아니라 경제구조나 사회제도

등을 통한 직·간접적인 영향 모두를 포함한다.

그렇기 때문에 과학과 기술의 발전 과정을 살펴보는 그 자체가 우리 인류의 문명화 과정을 이해하는데 첫걸음이 돼야 하는 것이다. 솔직히 말해, 나는 인류 문명을 인간애나 박애 정신 등을 통해 설명할 정도의 역량이나 내공이 부족하다. 다만 기술 발전을 통해 우리 생활이 현저히 변화했던 18세기, 즉 산업혁명이나 산업화 시대 이후를 살펴보며 현대 문명과 기술 발전의 담론을 펼치고 싶다.

여기서 한 가지 퀴즈를 풀어보자. 이는 '과학과 인류 문명'이라는 주제를 다룬, 어느 중학교 3학년 시험 문제이다.

〈보기〉는 과학의 발달 과정을 설명한 것이다. 옳은 것끼리 짝지어진 것은?

ㄱ. 증기 기관은 운송 수단의 변화를 가져왔다.
ㄴ. 뉴턴은 망원경을 발명하였다.
ㄷ. 코페르니쿠스는 4원소설을 주장하였다.
ㄹ. 에디슨의 전구 발명으로 인류의 생활은 훨씬 더 편리해졌다.

① ㄱ, ㄴ ② ㄱ, ㄷ ③ ㄱ, ㄹ ④ ㄴ, ㄹ ⑤ ㄷ, ㄹ

생각보다 어렵지 않은가. 망원경은 뉴턴이 아니라 갈릴레이가 발명했고, 코페르니쿠스가 주장한 것은 **4원소설**[1]이 아니라

지동설이었다. 4원소설을 주장한 사람은 고대 데모크리토스였다. 즉 정답은 3번이다. 도대체 코페르니쿠스가 누구고 4원소설은 뭐란 말인가. 중학교 시절에 이런 외계어를 배웠다는 게 신기할 따름이다.

이를 까다로운 학교 시험으로만 볼 수도 있지만, 사실 위의 네 가지 보기에는 산업화를 이끈 핵심 기술 두 개가 설명되어 있다. 바로 현대 문명을 창조해 낸 두 개의 매개체, 바로 에너지(빛)와 운송이다. 이는 학계에서도 통용되는 관점이다. 이 두 개의 매개체가 18세기부터 19세기까지의 문명을 움직인 동력이었다면 20세기 이후 현대 문명은 정보 혁명이 주도했다고 봐도 무방하다.

이렇듯 현대 문명화 과정에서 가장 결정적인 역할을 한 세 가지 매개체는 에너지와 운송 그리고 정보통신이다. 이 세 가지 기술이 어떠한 발전 패턴을 보였는지를 살펴보면 미래 발전상에 대해 어느 정도 감을 잡을 수 있지 않을까. 이제부터 전개하는 주장은 논문 「Limit to Improvement : Myth or Reality?(인류

---

1. 만물이 물 불 공기 흙의 네 가지 원소로 이루어져 있다는 가설이다.
2. 10년 전 내가 국제 학술지 『*Technological Forecasting and Social Change*』 (Volume 77, Issue 5, pp.712-729)에 게재했던 경영 학술 논문, 「Limit to improvement: Myth or reality? Empirical analysis of historical improvement on three technologies influential in the evolution of civilization」이다.

현대 문명을 이끈 빛의 혁명

발전의 한계, 신화인가 실제인가?)」[2]의 실증 분석을 바탕으로 했다.

먼저 에너지(빛) 기술 발전을 보자. 위 퀴즈의 보기에서 말하는 에디슨의 전구 발명, 이른바 조명 기술의 발전에 초점을 맞춰보겠다. 인류 최초의 조명으로 볼 수 있는, 오스트랄로피테쿠스가 발견했다고 알려진 불의 **발광 효율**[3]은 0.00235 수준이었던 것으로 추정된다. 그 후 신석기 시대에 사용된 램프는 0.0151 수준이었는데, 이후 바빌론 램프, 양초, 오일 램프, 백열등, 형광등, LED 램프에 이르기까지 조명의 비약적 발전은 현대 문명을 포함한 인류 문명 전체와 그 궤를 같이 했다.

---

3. 광원의 효율. 단위 전력당 광선속으로 lm/W(루멘 매 와트)로 나타낸다.

특히 현대 문명화 과정에서 조명 기술 발전을 주도했던 **텅스텐 전구**[4]에서부터 형광등, 저압 **나트륨램프**[5] 그리고 최근 LED 램프까지 지난 130여 년 동안 발광 효율은 70배 가까이 높아져 왔는데, 굉장히 흥미로운 점은 이와 같은 조명 기술 발전 과정에서 여러 번의 불연속 발전이 관찰된다는 것이다. 예컨대 텅스텐 전구에서 소형 형광등으로 조명 기술이 전환되는 시점을 분석해보면, 텅스텐 전구의 최종 발광 효율에서 이를 월등히 뛰어넘는 성능의 소형 형광등이 개발된 것을 알 수 있다. 쉽게 말해 텅스텐 전구의 최고 기술보다 소형 형광등이 처음 세상에 등장했을 때의 효율이 4배가량 높았던 것으로 추정된다.

운송 기술은 어땠을까. BC 3000년경의 수메르 유적지에서 발견된 것으로 알려진 '전차를 끄는 나귀' 벽화가 인류 최초의 운송 개념일 것이다. 그 후 BC 2000년경부터 말을 활용한 것으로 보이는데, 말 덕택에 진시황이고 칭기즈칸이고 대륙을 정복해보려던 그들의 역사가 오늘날 우리에게 전해질 수 있었던 것 같다. 우리 인간의 운송 기술의 역사를 비웃기라도 하듯 기차와 자동차, 비행기 심지어 우주선에 이르기까지 운송 기술의 발전이 현대 문명을 이끌었다는 주장에는 의심할 여지가 없다.

---

4. 텅스텐을 필라멘트로 사용한 전구.
5. 우리 눈에 익숙한 오렌지 빛을 발산하는 전구.

이와 같은 운송 기술의 발전 과정 속에서도 어김없이 불연속 발전의 패턴이 관찰된다. 각 운송 기술의 최고 속도를 기준으로 살펴보면 역마차에서 기차로 넘어가는 1848년에 역마차는 시속 30킬로미터로 정점을 찍었던 반면, 당시 기차의 최고 속도는 시속 97킬로미터 수준이었던 것으로 추정된다. 바로 뒤따라 나온 운송 수단은 대량생산 기반의 자동차였는데 이 역시 시속 85킬로미터 수준이었으니 종합해보면 산업혁명 덕택에 3배를 상회하는 수준의 운송 기술의 불연속 발전이 이루어졌던 것이다.

자동차는 그 후 비약적으로 발전해 1930년경에 이르러서는 최고 시속 220킬로미터 수준까지 도달했다. 한편 같은 기간에 피스톤 엔진 기반의 전투기가 세상에 처음 나왔는데 당시 속력은 시속 327킬로미터로 추정된다. 피스톤 엔진 기반에서 제트 엔진 기반 전투기로 넘어가는 1941년에도 불연속 발전이 관찰되고, 더 나아가 전투기에서 우주선으로 넘어가는 1969년에도 이와 유사한 불연속 발전 패턴을 살펴볼 수 있다.

이렇듯, 현대 문명을 주도해온 에너지 기술과 운송 기술의 발전은 불연속적 패턴이 지배적이었던 걸 보면 '불연속 발전이 과연 뭐길래?'라는 의문을 갖지 않을 수 없다. 쉽게 말해 몇몇 천재들의 혁신적인 발명으로 명명되는 불연속 발전이 오늘날 고도화된 우리의 삶을 가능케 했다고 할 수 있다.

- 매일경제 2019. 6. 20.

미래 기술은 창조적 '융합'에서 나온다

현대 문명화 과정에 지대한 영향을 끼친 세 번째 매개체, 정보통신 기술에 대해 살펴볼 차례이다. 당장 우리 일상에서 핸드폰과 인터넷이 끊겼다고 생각해보라. 우리가 뭘 할 수 있을까.

이렇게 보면 앞선 두 매개체 에너지와 운송 기술보다도 오늘날 우리의 삶과 훨씬 더 긴밀하게 연관되는 것이 정보통신 기술인 셈이다. 시간이 지날수록 정보통신 기술에 대한 종속성이 강해지고 있으며, 이를 조금 과장해서 얘기하자면 우리는 이미 '디지털의 노예'가 됐는지도 모르겠다.

이렇게 흔하디흔한 정보통신 기술은 단순한 번호 체계Numbering System에서 유래됐다. 우리 인간은 이런 번호 체계를 활용코자 이미 오래전(BC 2400년경)에 주판이라는 걸 만들기도 했다. 하지만 번호 체계만으로는 우리가 원하는 정보를 모두 담을 수가 없어서 기호가 탄생한 것이다. 기호를 통해 생각과 의

견을 빠르게 전달할 수 있었고 이것이 바로 통신이라는 개념의 시발점이었다.

특히 1844년을 기점으로 정보와 통신이 결합된 기술이 급속한 발전을 이뤘는데, 바로 전신기 덕분이었다. 당시만 해도 전신기를 통해 1분에 60여 개 단어를 전송할 수 있었는데, 그 경제·사회적 여파는 상당했다. 지금의 1분이면 전 세계 언어의 모든 단어를 전송하고도 남는다는 점을 생각해 보면 정보통신 기술의 발달이 현대 문명에 얼마나 큰 영향을 미쳤을지 굳이 말하지 않아도 될 것 같다.

두리뭉실한 설명은 건너뛰고 좀 더 깊이 들어가 보겠다. 오늘날 정보통신 기술의 진보에서 절대 빠질 수 없는 것이 바로 전 세계 통신을 연결하는 **해저케이블**[1]일 것이다. 이는 바다를 사이에 두고 격리된 대륙 간, 또는 육지와 섬 간의 통신을 위해 해저에 심어둔 케이블을 말한다. 물론 오늘날은 위성이나 다른 획기적인 기술 덕택에 그 중요성이 상대적으로 감소했지만 1800년대 중반만 해도 영국과 프랑스를 잇는 해저케이블의 탄생은 세상을 곧 하나로 이어줄 것처럼 보였다. 이 외줄 해저케이블은 이로부터 20세기 초까지 약 50만 킬로미터가 부설되며

1. 1843년 영국 M. 패러데이가 말레이시아 나무에서 절연성과 가공성이 뛰어난 유액 성분을 발견, 이를 코팅한 해저케이블을 처음 개발했다.

가장 효과적인 통신 수단이자 전 세계를 잇는 핵심 매개체로 자리매김했다. 단, 제2차 세계대전이 발발하기 전까지 말이다.

전쟁 후 전 세계는 재건에 총력을 기울였는데, 재건 계획의 핵심은 보다 높은 수준의 해저케이블 기술 개발이었던 듯하다. 이러한 세계의 요구에 부응했던 것이 바로 동축케이블의 발명이었다. 좀 더 자세히 말하면 '대서양 횡단 제1 케이블 TAT-1'이다. 동축케이블은 외줄 케이블에 비해 높은 주파수를 전송할 수 있으며, 외부 도체와 내부 도체 그리고 그 사이에 절연물을 넣음으로써 전파 손실을 최소화시킨 것이다. 여기서 흥미로운 점은 동축케이블의 데이터 전송 속도는 외줄 케이블에 비해 360배 높았다는 것이다. 숫자 그대로 정보통신 기술의 불연속 발전이었다. 물론 그 후 광케이블이 또 한 번 등장하며 컴퓨터와 디지털 통신 방식이 결합된 정보통신의 새로운 시대를 열었다.

그렇다면 정보를 저장하는 기술은 어땠을까. 이 분야만큼은 우리나라 삼성이 선도하고 있지 않을까 생각해본다. 하지만 20세기까지만 해도 인텔이 독식하던 분야이다. 이를 상징적으로 표현할 수 있는 것이 바로 **무어의 법칙**Moore's Law[2]일 것이다. 1960년대 인텔 설립자 고든 무어가 발표하면서 세상에 알려졌는데, 반도체 집적회로(마이크로칩)의 성능이 **18개월**[3]마다 두 배로 증가한다는 법칙이다. 예컨대 1개의 칩에 들어가는 트랜지

스터 개수는 18개월마다 두 배로 증가하는데 1, 2, 4, 8, 16, 32, 64, 128 등 기하급수적으로 증가한다는 말이다.

무어의 법칙은 21세기 들어서면서 이내 깨졌으며 이보다 더 진보한 황의 법칙Hwang's Law이 등장했다. 2002년 당시 삼성전자 황창규 사장이 '메모리 신성장론'을 발표했는데, 이것의 핵심은 반도체 메모리의 용량이 1년마다 두 배씩 증가한다는 것으로 무어 법칙의 18개월을 12개월로 단축시켰다. 이를 통해 유추할 수 있는 것은 지금 우리가 사용하는 핸드폰에는 50여 년 전 전 세계가 사용했을 계산 용량 혹은 이를 훨씬 능가하는 성능의 칩이 내장돼있다는 점이다.

이런 말도 안 되는 정보통신 기술의 발전을 이미 오래전부터 예측한 기인이 있다. 세계적인 미래학자이자 발명가인 레이몬드 커즈와일이다. 그가 발표한 수많은 이론 중 특히 눈에 띄는 것은 가속화의 법칙이다. 이 법칙의 핵심은 '정보통신 기술이 발전할수록 발전 속도는 무한대로 빨라진다'는 것으로, 자신의 저서 『특이점이 온다』에 엄청난 양의 실증 데이터를 담아 이를 입증하기도 했다.

---

2. 인텔 공동 설립자 고든 무어가 반도체 회사 페어차일드 연구원이던 1965년 당시 발표한 법칙. 무어는 당시 급성장하던 컴퓨터산업의 특징을 지목한 이 법칙으로 유명해졌다.

3. 후에 24개월로 수정됐다.

한 가지 더 눈여겨 볼 대목은 그의 법칙과 이를 뒷받침하는 광범위한 데이터를 바탕으로 창조한 특이점이라는 개념이다. '머지않아 기술이 인간을 초월하는 순간인 특이점의 시대가 도래할 것'이라는 주장이다. 그가 말하는 특이점이란 인간과 기술 간의 구별이 사라지는 시점을 말하며, 그는 이미 오래전부터 인공지능의 폭발적인 가능성을 내다보고 있었던 것이다.

이렇듯 정보통신 기술은 우리가 상상할 수 있는 수준을 월등히 초월하며 현대 문명을 이끌어왔다. 그리고 조명과 운송 기술과 마찬가지로 정보통신 기술의 발전 과정에서도 수많은 불연속적 발전 패턴이 관찰된다. 이런 불연속 발전이 의미하는 것은 지금의 이 놀라운 수준으로 현대 문명을 발전시킨 세 가지 핵심 매개체, 에너지와 운송 그리고 정보통신 기술이 기존의 성능을 뛰어넘어 한 단계 도약하는 경우가 다반사였다는 것이다.

특히나 동시대에 수많은 기술 경쟁이 존재하는 분야의 경우, 치열한 경쟁 끝에 최종적으로 살아남는 기술, 즉 기존 기술과 가장 큰 성능 차이를 보이는 기술만이 세상에 선보이게 되고 결국 세상을 지배해왔다. 이것이 바로 불연속 기술 발전이 지속적으로 나타나는 이유이기도 하다.

따라서 나는 인류의 문명화 과정을 '새로운 기술의 끊임없는 등장에 따라 나타나는 도약의 결과에 따른 불연속적 발전'으로 정리하고자 한다. 지난 수백 년간의 현대 문명과 기술 발전의 과정을 살펴봄으로써 우리가 배울 수 있는 건, 얼마 후 마주할 미래 문명을 지배할 기술은 전혀 생각지도 못한 곳에서 새로운 접근 방식을 통해 현존하는 그 어떤 기술력도 압도할 수 있는 수준의 혁신 성능으로 다가올 공산이 매우 크다는 것이다.

나는 이러한 미래 기술의 키워드는 '융합'이라 생각하며, 이 융합을 이끌어 낼 수 있는 지식인들은 고정관념을 깨는 방식의 창조적 사고를 통해 우리 앞에 등장할 것이라 믿는다. 그리고 그것이 애플의 스티브 잡스나 구글의 래리 페이지, 페이스북의 마크 주커버그, 특히 '업종을 불문하고 아마존화'한다는 의미의 신조어 **아마조니피케이션**Amazonification[4]을 만들어낸 제프 베조스 등 21세기 혁신 기술 기업가들이 만들어냈고 앞으로도 계속 만들어낼 수많은 불연속 발전 앞에서 긴장을 늦출 수 없는 이유이다.

- 매일경제 2019. 6. 27.

4. 업종을 가리지 않고 새로운 사업에 도전하고 확장시키려는 아마존의 기업 특성을 가리키는 말이다.

티핑포인트를 예측하라

현대 문명화 과정에서 빈번히 일어난 불연속 기술 발전을 보다 체계적으로 이해하려면 먼저 한 가지 개념을 숙지해야 한다. 단언컨대 이 개념은 가까운 미래에 우리 사회를 놀라게 할 수많은 기술혁신을 예측하는데 유용한 도구가 될 것이다. 바로 **티핑포인트**Tipping Point[1]이다.

이 개념은 쉽게 말해 팽팽한 균형이 한순간 깨지는 것을 말한다. 균형이 무너진다는 건 한 쪽이 다른 한 쪽에 절대적인 우위를 차지하게 되는 것을 의미한다. 이른바 '한 순간의 전환'이란 개념은 단순 기술의 진보를 설명하는 것을 넘어 경제·사회·정치 등 거의 모든 분야에 광범위하게 적용 가능하기 때문에 우리

1. 균형이 깨지고 특정 현상이나 세력이 한순간에 퍼지거나 우세해지는 것을 말한다. 대표적으로 특정 지역에서 흑인 인구가 증가하면 백인 이주 현상이 나타나는 '화이트 플라이트white flight' 및 '대도시 분리' 등을 연구할 때 활용되는 개념이다. 터닝포인트, 급변점이라고도 한다.

사회에 던지는 함의가 매우 크다 하겠다.

티핑포인트는 50여 년 전 미국 사회학자들 사이에서 유행처럼 번져나가 유명세를 다기 시작했다. 당시 특정 시역에 이주해온 아프리카계 미국인들의 숫자가 전체 주민의 20퍼센트를 넘자, 그 지역에 남아 있던 백인들이 모두 떠나버리는 것을 관찰하면서 학자들은 '백인들이 교외로 탈출하는 현상'을 좀 더 납득하기 쉽게 설명하기 만들어냈다고 알려져 있다.

나는 이 개념의 원저자를 2005년 노벨 경제학상을 수상한 **토머스 셸링**(1921~2016)[2] 교수로 보고 있다. 그 이유는 세계 최고의 경제학 학술지로 인정받는 『미국경제논집*American Economic Review*』에 오래전 게재한 논문 「분리의 모델models of segregation」에 '거대한 변화는 작은 사건에서부터 비롯된다'는 티핑 가설이 담겨있었기 때문이다.

이를 보다 분석적으로 이해하기 위해서는 먼저 **S커브**[3]라는 개념을 알아야 한다. 이는 생각보다 간단한데, 기술의 성능은 시간이 지남에 따라 S자 형태로 휘어지는 하나의 선으로 표현된다

---

2. 갈등과 협상에 관한 게임이론을 주창, 이를 응용해 현실적 갈등과 협력에 관한 이론을 발전시킨 공로로 2005년 노벨 경제학상을 공동 수상했다.
3. 미국 컨설팅전문회사 맥킨지의 리처드 포스터가 저서 『한계돌파의 경영전략』에서 소개한 기술의 수명 주기. 한 기술은 태동기, 비약기, 성숙기를 거치는 S곡선을 그린다고 설명했다.

는 것이다. 예컨대 어느 시골의 발명가가 특정 기술을 개발했다고 치자. 초기에 이 기술의 성능은 크게 향상되지 않는다. 신기술이다 보니 기술에 대한 이해도나 적용 능력이 떨어지고 특히 성능 향상을 위한 투자 자금이 그다지 넉넉지 않기 때문이다.

하지만 얼마 뒤 이 기술이 점차 세상에 알려지고, 시장 잠재성을 파악한 세계 유수의 기업들과 최고 수준의 엔지니어들이 모이게 된다. 이때부터 기술진보가 급속도로 진행된다. 세상이 이 기술에 열광하기 시작한 것이다. 하지만 오래 지나지 않아 이 기술의 성능은 한계에 부딪치게 되는데, 기술적 한계라는 측면에서 그럴 수도 있고 시장의 관심이 또 다른 혁신 기술로 옮겨갔기 때문일 수도 있다.

이처럼 완만한 기술진보에 이은 가파른 성장세 그리고 성장의 정체에 이르기까지 이 모두를 하나의 휘어지는 선으로 담아낸 것이 바로 S커브다. 이런 S커브의 개념이 반영된 사례는 주변만 한번 돌아봐도 무수히 많다. 라디오가 처음 나왔을 때를 생각해보라(231쪽 전자제품 S커브). 흑백 TV와 컬러 TV 그리고 비디오플레이어, 특히 오늘날 세계인의 필수품이 된 스마트폰이 시장에 처음 나왔을 때도 떠올려보라. 너 나 할 거 없이 모두 S커브의 패턴을 띠었다는 점은 흥미로운 사실이다. 이 말은 기술의 발전뿐만 아니라 시장의 지배력 측면에서도 S커브가 일반적인 개념이라는 의미이다. 하버드대 즈비 그릴리치 교수는 이를 두

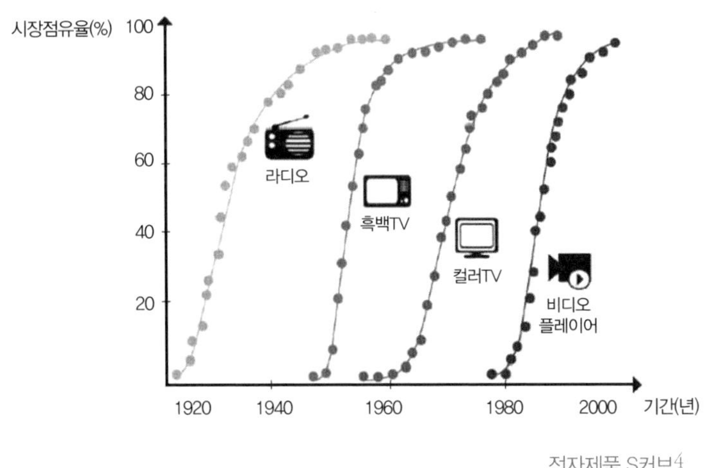

전자제품 S커브[4]

고 '사회과학 분야에서 유일하게 가장 일반적으로 적용되는 이론'이라 칭할 정도였으니 말이다.

S커브를 이해했다면 이제 티핑포인트를 보다 기술적으로 알아볼 차례이다(232쪽 티핑포인트). 앞서 가정해보았던 시골 발명가의 예시를 다시 소환해보자. 그는 이 기술을 발명하고 발전시키기 위해 끊임없이 고민하고 노력(25만큼의 노력이라고 가정)한다. 하지만 여러 자원적 제약 때문에 만족할만한 기술 발전이 이뤄지지는 않는다(5만큼의 성과).

그럼에도 그의 발명은 서서히 세상에 알려지기 시작해 수많

---

4. 출처: 『아 유 레디?: 준비하라! 내일이 네 인생의 첫날인 것처럼』

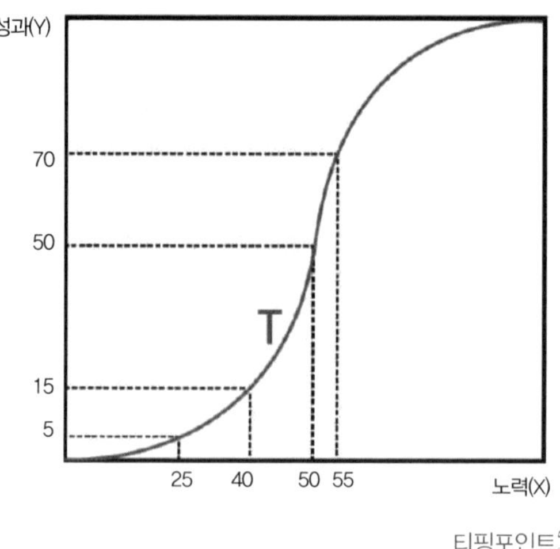

티핑포인트[5]

은 발명가들의 주목을 끌었으며(15만큼의 추가 노력으로 총 40의 노력이 들었다), 이 기술의 성능 역시 적정 수준의 발전을 이룬다(10만큼의 추가 성과로 총 15의 성과를 거뒀다).

얼마 지나지 않아 이 기술의 시장 확장성을 파악한 투자 기업들이 접근해 특허 문제에 대해 상의하려 한다. 이 시기에 기술은 급격한 발전을 이룬다(35만큼의 추가 성과로 총 50의 성과). 세상에는 이미 수많은 선행연구가 이루어져왔기 때문에 이 시기에는 전처럼 집중적인 연구가 진행되지는 않는다(10만큼의 추가 노력으로 총 50만큼의 노력).

---

5. 출처: 『아 유 레디?: 준비하라! 내일이 네 인생의 첫날인 것처럼』

그리고 이미 시장성을 넉넉히 확보한 이 기술에 대한 추가 연구가 필요하지 않음에도 불구하고(5만큼의 추가 노력으로 총 55만큼의 노력), 연관 기술에 대한 발전이 동시에 이루어지기에 이 기술 역시 괄목할 정도의 진보를 보인다(20만큼의 추가 성과로 총 70의 성과).

이와 같이 시골의 발명가가 탄생시킨 이 기술은 어느 순간에 도달하면 폭발적인 시장의 반응과 함께 급격한 성능 향상을 보이게 되는데, 여기서 말하는 어느 순간이 바로 티핑포인트이다. 다시 말해 티핑포인트는 작게는 균형이 무너지는 어느 순간을, 크게는 세상이 바뀌는 바로 그 순간을 의미하는 것이다.

수많은 제품들과 경쟁하며 오늘날 화장지 시장의 표준이 된 크리넥스와, 이와 유사한 논리로 브랜드명이 곧 해당 상품의 대명사가 된 모나미 볼펜 등 현재 시장에서 우위를 점하고 있는 제품들이 티핑포인트를 거쳐 지배적 상품 반열에 오른 것을 심심치 않게 볼 수 있다. 심지어 전기 자동차는 가솔린 자동차보다 먼저 발명되었음에도 거대 석유회사들의 온갖 로비로 1900년대 초중반을 지나면서 사람들의 기억 속에서 완전히 사라지고 가솔린 자동차가 시장을 압도한 역사는 티핑포인트의 마법을 고스란히 담아내고 있다.

그렇다면 이 개념이 미래를 내다보는데 왜 그토록 중요하단 말인가. 세계경제포럼WEF을 비롯해 세계 기술혁신의 담론을 주도하는 여러 국제기관들은 4차 산업혁명 시대를 이끌어갈 인터넷과 사람의 결합, 컴퓨팅의 유비쿼터스화, 저장 공간의 무한 확장 등 이른바 핵심 융합기술의 티핑포인트에 주목해야 한다고 말한다.

세계경제포럼에 따르면 향후 3년 안에 최초의 로봇 약사가 미국에서 상용화되고, 4년 안에 1조 개의 센서가 인터넷에 연결된 사물인터넷이 우리 삶 깊숙이 자리 잡게 되고, 5년 안에 신체 이식형 핸드폰이 상용화되며, 6년 안에 바이오프린팅 기술을 통해 최고의 3D 프린터 제조 간이식이 가능해지며, 7년 안에 인공지능이 기업 회계 업무의 30퍼센트를 다루고 그 다음 해에는 인공지능이 기업 이사회까지 등장할 것이라고 전망한다.

티핑포인트를 정확히 예측하지 못하면 다가오는 4차 산업혁명 시대를 주름잡을 수많은 융합기술들의 풍랑 속에서 허우적대다가 이내 이런 기술들에 잠식될 가능성이 크다. 그도 그럴 것이 다양한 융합기술의 등장은 곧 인간과 기계 간의 새로운 관계 정립을 의미하기 때문이다.

예컨대 업무의 생산 효율성은 증가하겠지만 한편으로는 상당수의 직업이 대체되고 새로운 직업이 창출될 것이다. 또한 디지털 화폐(블록체인 등)의 활성화로 기존 기관들의 역할 재검토가 필요하며 공유경제의 확대로 집과 자동차 등의 개념이 '소유'에서 '공유'로 바뀔 것이다. 이외에도 상상 속에서나 가능했던 미래 사회의 동학이 빠르게 다가오고 있다. 앞서 말한 커즈와일의 특이점이 진 세계 6천5백 개의 언어로 재해석되는 건 시간문제일지도 모르겠다.

- 매일경제 2019. 7. 4.

기술혁신 시대의 국가 역할

지난 수 세기 동안 기술진보는 인류의 삶의 질을 혁신적으로 개선해왔으며 그 역할이 가속화될 거라는 데 의심의 여지가 없다. 예컨대 작은 USB 디바이스에 수백 년 치 분량의 지식을 저장할 수 있으며 양자컴퓨팅을 통해 현존하는 슈퍼컴퓨터로도 10억 년이 걸리는 계산을 단 100초 만에 풀 수 있게 됐다.

이렇듯 빠른 속도로 진보하는 기술은 인류에게 놀라움을 주는 반면 두려움을 심어 주기도 한다. 작년 사우디아라비아에서 로봇 최초로 시민권을 받은 **소피아**[1]는 인공지능이 인간의 영역까지 넘볼지도 모른다는 두려움을 표하자 "걱정 말라. 당신이 나에게 잘해주면 나도 당신에게 잘해줄 것이다"라고 말하기까지 했다. 이런 소피아의 농담에 '만약 우리가 잘해주지 않는다면 어떤 일이 벌어질까'라는 우려도 해보았다. 로봇에 대한 인

---

1. 미국 헨슨 로보틱스가 인공지능과 로봇기술을 결합해 제작한 휴머노이드 로봇이다.

간의 거부감과 관련된 심리이론 **불쾌한 골짜기**Uncanny Valley[2]가 떠오르는 대목이다.

당신이 어떤 입장이든 간에, 우리가 고민해야 할 핵심 의제는 기술의 발전이 실제로 세상을 얼마나 혁신적으로 바꾸는지, 그리고 그러한 혁신이 얼마나 더 행복하고 공정한 세계를 만들 것인지가 돼야 할 것이다.

혹자는 기술진보를 통해 취약계층의 삶의 질이 특히 향상되었다고 말한다. 실제로 인터넷의 보급으로 기존의 정보 소외 계층도 정보에 쉽게 접근하여 짧은 시간에 생산성을 증대시킬 수 있었다. 반면 기술이 세계의 불평등을 심화시켰다는 우려도 적지 않은데, 기술진보에서 오는 이익의 대부분이 가진 자들에게 돌아가고 있다는 주장이다. 실제로 많은 공장 노동자들이 기계에 대체되어 직업을 잃고 거리로 내몰린 반면 기술혁신을 통해 수많은 벤처 창업자들은 큰 부를 축적했다. 실리콘밸리는 기술혁신의 아이콘이자 미국에서 가장 불평등한 지역 중 하나이기도 하다.

---

2. 로봇공학에서 '로봇의 인간과의 유사성과 이에 대한 호감도'를 조사한 그래프를 보면, 로봇이 인간과 동떨어진 모습일 때는 호감도에 변화가 없거나 오히려 늘기도 하지만, 부자연스러운 인간의 모습을 취하기 시작하면 호감도가 대폭 감소하는데, 이 구간의 모습에서 유래한 말이다.

2018년 인공지능 로봇 소피아를 처음 본 우크라이나 학생들

이처럼 기술은 양면성을 띠고 있음과 동시에, 다가오는 4차 산업혁명은 컴퓨팅의 유비쿼터스화를 비롯해 사물인터넷, 인공지능, 빅데이터, 공유경제 등 사람·사물·정보를 상호 연결하여 기술과 사회 간의 융합을 가속화시킬 것이다. 하지만 융합 기술이 언제 실현될지, 경제·사회적 파급력이 얼마나 거대해질지는 정확히 예측하기 힘들다. 이러한 불확실성이 사회적 긴장과 혼란을 부를 것이다. 그렇기 때문에 국가의 역할을 간과할 수 없다.

비록 국가가 시장을 통해 자연스럽게 생성되는 융합기술의 속도를 제어할 수는 없지만, 구성원의 경제·사회적 필요에 부합할 수 있도록 분야별 규제 완화 정책을 설계함으로써 조정자 역할을 맡을 수는 있다. 이와 동시에 융합기술 수용 시 야기되는 사회적 혼란과 갈등을 최소화하도록 사회적 공론화 절차를 통해 정책을 실현시켜야 할 것이다. 융합기술의 지속 가능한 내생화內生化 작업을 위해 시의적절한 규제가 필요한 시기이다.

다가오는 4차 산업혁명 시대에는 산업 경쟁의 승자와 패자가 과거보다 훨씬 빨리 결정될 것이다. 심지어 급변하는 융합기술에 국가가 얼마나 빠르고 효과적으로 적응할 수 있는지에 따라 국가의 흥망성쇠가 좌지우지될 가능성이 크다. 이렇듯, 국가의 내생화 능력에 따라 기존의 정치적, 문화적 그리고 경제·사회적 구조는 향상 또는 왜곡될 것이다.

변화하는 세상 속에서 리바이어던(성서에 나오는 바닷속 괴물)에 비유해 국가 존재 이유를 설명한 영국의 사회철학자 토마스 홉스의 말을 다시 생각해 보면 어떨까. 그는 「국가」 편에서 국가가 없던 시기를 "만인에 대한 만인의 투쟁"으로 설명했고, 국가와 정부가 존재하는 이유에 대해서는 "사회 구성원들의 안전한 삶의 보장에 있다"고 주장했다. 오늘날과 같이 기하급수적으로 변화하는 시대에는 질서와 조화, 균형의 미를 정교하게 조정할 수 있는 지도자의 역량이 매우 중요하다.

- 한국일보 2018. 10. 15.

AI는 말한다,
'따라올 테면 따라와 봐'

SF 영화의 거장 제임스 카메론 감독은 20년 전 〈터미네이터〉로 시작해 〈아바타〉에 이르기까지, 영화를 통해 **인공지능**Artificial Intelligence, AI[1]에 대한 우리의 호기심을 극대화시켰다. 하지만 인공지능은 이미 단순한 호기심을 넘어 우리 삶 깊숙이 들어와 있다. 예컨대 우리는 **알파고 리**AlphaGo Lee[2]에 **이세돌 9단이 패한 충격적인 상황**[3]을 받아들여야 했고, 앞서 소개한 소피아가 전 세계를 돌아다니며 마치 인간처럼 인터뷰를 하거나 유엔 등 세계 주요 행사에서 연설하는 모습을 목도하기도 했다. 이런 모습에 경이로움을 느낌과 동시에, 머지않아 기계가 인간의 영역까

---

1. 인간의 학습, 사고 능력을 컴퓨터 프로그램으로 실현한 기술. 한마디로 컴퓨터가 인간의 지능적인 행동을 모방할 수 있도록 하는 것을 인공지능이라 한다.
2. 구글 딥마인드가 개발한 인공지능 바둑 프로그램이다.
3. 2016년 3월 다섯 차례에 걸친 알파고와 이세돌 9단의 대결. 인공지능과 인간의 대결로 세계의 관심을 모았다. 알파고가 이세단 9단에 4대 1로 승리했다.

지 넘볼지도 모른다는 우려가 지나친 기우가 아님을 말해주는 대목이다. 사실 인공지능과의 갈등은 우리 삶과 밀접한 여러 분야에서 이미 감지되어 왔다.

창조는 우리 인간만의 전유물일까. 얼마 전 인공지능이 그린 '에드몽 드 벨라미의 초상'이라는 그림이 뉴욕 크리스티 경매소에서 한화로 약 5억 원에 낙찰됐다. 이 작품은 프랑스의 예술공학 단체인 오비어스가 지난 6세기 동안의 작품 1만 5천여 점을 인공지능에 반복 학습시켜 탄생했다고 한다. 즉 컴퓨터 알고리즘에 기반한 **머신러닝**machine learning[4]을 통해 방대한 데이터를 학습해서 마치 화가가 영감을 얻기 위해 다양한 경험을 하듯 작품을 생성한다는 것이다. 이런 컴퓨터 알고리즘으로 제작한 초상화가 경매에 나온 것은 인류 역사상 처음이다.

이렇게 창조된 작품은 누구의 저작물이라고 생각하는가. 인공지능의 창작활동을 예술 그 자체로 받아들여야 할까, 그저 그리는 도구로 간주해야 할까. 조영남 씨의 대작代作 사건을 떠올려보자. 아이디어를 내고 큰 틀의 기획을 주도한 조영남 씨의 저작물인지, 직접 작업한 조수들의 것인지에 대해 법조계와 예

---

4. 컴퓨터가 스스로 방대한 데이터를 분석해 미래를 예측하는 기술로, 인공지능 연구 분야 중 하나. 인간의 학습 능력과 같은 기능을 컴퓨터에서 실현시키려 한다.

술계의 해석은 상이하다. 물론 1심 유죄, 2심 무죄로 대법원의 판결을 기다려야 하겠지만, 이처럼 우리끼리의 저작권도 논란이 대단한데 하물며 인공지능이 그린 작품의 경우는 얼마나 소란스러울지 굳이 이야기하지 않아도 되겠다.

이 논의의 결론에 따라 '인간의 사상 또는 감정을 표현한 창작물인 저작물에 대한 배타적·독점적 권리'라는 지금까지의 저작권 정의가 바뀔 수도 있기에 그 중요성이 크다. 쉽게 말해 이 정의에서 '인간의'라는 문구가 변경 혹은 삭제될 수도 있다는 말이다. 물론 우리 법체계에서는 인공지능과 같은 기계의 권리능력이나 법적 분쟁 당사자로서의 지위를 인정하지 않고 있다. 사실 도구적 활용성이 매우 강해 인간과 같이 독자성을 가진 존재로 보긴 어렵기 때문에 법적 책임의 주체로 인정하기에는 더욱 무리가 있어 보인다.

이런 인공지능이 짊어질 수 있는 책임의 한계성을 인정하면서도, 저작물의 권리 측면은 인정해야 한다는 일부 주장도 있다. 다시 말해, 인공지능 역시 인간에 의해 프로그래밍되었다는 점에서 인공지능의 자체 권리보다, 인공지능 제작자의 권리를 보호하자는 것이다. 알고리즘을 입력한 기술자가 인공지능이 그린 작품의 저작권을 가질 수도 있다는 말인데, 이렇듯 꼬이고 꼬인 '저작권 족보 전쟁'을 우리 사회가 어디까지 감당할 수 있을지 의문이다. 어느 쪽으로 결론 나던, 저작권 산업 분야로의 인공지능의 침투는 앞으로 더욱 확대될 것이 불 보듯 뻔하니, 분명 창작물과 관련한 논의가 필요한 시점이다.

저널리즘의 영역은 어떨까. 저널리즘의 인공지능화는 이미 상당 부분 진행됐다. 신속성이 생명인 언론의 가치를 고려해보면 그럴 만도 한데, 예컨대 선거 개표, 지진 속보, 스포츠 실황 보도 등에 활용하는 인공지능 저널리즘은 이롭긴 하다. 또한 사람들이 어떤 기사를 보는지 빅데이터를 활용, 분석해 최적화된 뉴스 페이지를 제공할 수 있으며, 독자별 타깃 광고도 가능해져 언론사 입장에서도 수익 창출에 유리하다. 해외에는 '로봇스쿨'이 있는데, 여기서는 독자 맞춤형 뉴스를 생산하고, 악성 댓글을 걸러내는 등 인공지능 저널리스트를 양성해 실무에 공급하는 역할을 한다고 한다.

한편으로는 걱정도 앞선다. 예컨대 몇 년 전 한 미국 언론사 SNS 계정의 '백악관 폭발 테러' 관련 오보는 뉴욕 증시의 시가총액 150조 원을 순식간에 증발시켰다. '교황의 트럼프 지지 선언', '클린턴과 IS의 관계' 등 지난 미국 대선판을 뒤흔든 가짜뉴스와 최근 우리 사회에서도 화두로 떠오른 수많은 가짜뉴스 논란 등을 보면, 인공지능 저널리즘은 가짜뉴스 생성 위험에 크게 노출돼 있음을 알 수 있다. 특히 누군가 의도를 갖고 알고리즘을 악용한다면 말이다.

포털 검색순위를 조작하는 매크로 프로그램이 인공지능화된다면, 이 불법 행위에 대한 처벌 대상은 인공지능일까, 알고리즘 개발자일까. 사실 더 무서운 점은 매크로는 일정 패턴에 맞춰 반복 작업을 하기 때문에 완전 범죄가 불가능할지 모르지만, 수천만 명의 댓글 패턴 알고리즘을 인공지능에 입력할 경우 이를 어찌 잡는단 말인가.

심지어 인공지능은 사람 표정의 미세한 변화를 감지해 대출 심사에 활용되기도 한다. 눈꺼풀의 깜빡임, 세세한 표정 변화 등 거짓말할 때 무의식적으로 드러나는 방대한 표정들을 알고리즘에 담아 거짓말을 잡아낸다는 것인데, 자기 얼굴이 탐지당하고 있다는 사실도 모른 채 진행된다고 하니 불쾌하지 않을 수 없다. 아직까지는 중국 금융기관들을 중심으로 서서히 도입되고 있다고는 하지만, 얼마 지나지 않아 인권 침해나 대출 거부 관련 소송 등 수많은 논란이 일 것으로 예상된다.

지난 몇 년간 인공지능이 우리에게 보여준 혁신은 가히 놀라웠다. 반면 우리 사회의 대응에는 조금 아쉬움이 남는다. 정부 정책이 항상 인공지능 혁신을 뒤쫓기만 하는 느낌을 지울 수 없기 때문이다. 일본에서는 이미 인공지능 저작물 보호 관련 백서를 만들었고 유럽연합은 인공지능의 법적 지위를 전자인간으로 인정하는 등 인공지능의 혁신 속도에 대응코자 국가 차원에서

선제적으로 나서고 있기 때문이다. 인공지능 혁신이 사회에 미칠 파급력이 어느 정도일지 예측하기 어려운 가운데, 과연 우리는 얼마만큼 준비되어 있는지 진지하게 고민해봐야 하겠다.

가까운 미래에 인공지능을 활용해 그려나갈 우리 사회의 청사진과 함께, 정부는 일자리 역동성에 대한 면밀한 분석이 필요하다. 인공지능 혁신은 수많은 일자리를 대체할 것으로 보이지만, 지난 두 세기 동안 우리 인간은 산업혁명이라는 '일자리 도둑'과 끊임없이 경쟁하며 오늘에 이르렀다. 이 말은 인공지능이 결국엔 우리의 일자리를 빼앗아가겠지만, 새로운 일자리를 만들어 줄 수도 있다는 의미이다.

그나마 반가운 소식은 IT 강국답게 올해부터 일반 대학원에 인공지능학과를 설치한다는 것이다. 앞으로 5년간 900여 명에 달하는 인공지능 전문 인재를 양성한다는 정부 방침인데, 이 같은 대학원 설립이 득이 될지 실이 될지는 추후 커리큘럼을 봐야 알 수 있겠다. 특히 정부와 교육계가 함께 발 벗고 나서야 되는 이유는 육체노동이나 감정노동은 인공지능이, 생산노동은 우리 인간이 담당하되 인공지능과의 협업이 가능토록 '인공지능의 관리와 활용'을 위한 영리한 커리큘럼 설계가 절실하기 때문이다.

한편 테슬라와 스페이스X, 솔라시티의 태양광 패널 등을 통해 스티브 잡스 이래 새로운 혁신의 아이콘으로 떠오르고 있는 일론 머스크는 오히려 인공지능 규제를 위한 비밀 사립학교를 운영 중이라고 알려져 있다. 이 학교에 다니는 학생은 주로 7~14세의 아이들로 수학과 과학, 공학, 윤리학, 특히 인공지능 코딩 언어 등을 배우고 있다고 한다. 인류에 핵무기보다 더 위협적인 것이 바로 인공지능일 것이라는 그의 주장에 다시 한 번 귀 기울일 필요가 있겠다.

- 매일경제 2019. 7. 11.

창의적 인재 양성도
개성보다 융합

조희연 서울시교육감이 얼마 전 중고교생 두발 자유화 선언을 발표했다. 학생들의 머리카락 길이는 물론 파마와 염색도 간섭하지 않겠다는 것이다. 각 학교는 자체 공론화 과정을 통해 2019년 상반기 안에 학생 생활규정을 개정하고, 하반기부터 시행하게 된다. 자유화에 합의하는 학교가 많아지면 교복을 입고 머리 염색을 한 학생들이 길거리에 흔할 것으로 보인다.

두발 자유화 선언은 용모에 대한 학생들의 자기결정권을 기본적 권리로 보장하려는 취지를 담고 있다. 조 교육감은 학교별 공론화 과정에서 실질적인 학생 참여 비율을 높일 것을 강조하며, 어릴 때부터 민주시민으로서의 자질을 기르게 하는 자기주도성 교육관을 반영하고자 한다. 이러한 민주적 교육관을 세상에 각인시키려는 조 교육감의 리더십을 환영한다.

하지만 두발 자유화 선언을 '창의적 인재 양성'이라는 슬로건에 연계시키려는 시도는 수긍하기가 어렵다. 개별 학생들의

인공지능 바둑 프로그램 알파고가 인간을 이기는 시대가 도래했다

개성을 강조함으로써 획일화된 교육관에서 벗어나 다가오는 4차 산업혁명 시대를 대비해야 한다는 주장에 한해서 말이다.

예컨대, 페이스북 창업자 마크 주커버그, 구글 설립자 래리 페이지 등 세계를 혁신으로 이끌고 있는 주역들을 '두발 자유화를 통한 창의적 인재 양성'과 연계시키기는 무리가 있어 보인다. 또한 구글 딥마인드의 알파고가 이세돌 9단을 이기는 장면, 로봇 최초로 시민권을 받은 소피아가 마치 인간처럼 농담을 던지는 모습과도 의미 있는 연관 관계를 찾아보기 쉽지 않다.

세계경제포럼을 비롯한 여러 국제기관들은 4차 산업혁명에 따른 인터넷과 사람의 결합, 컴퓨팅의 유비쿼터스화, 저장 공간의 무한 확장, 사물인터넷의 전개, 인공지능과 빅데이터 부상, 공유경제의 확산 등 6가지의 융합기술이 미래를 이끌 것으로 내다보고 있다. 동시대 교육계 리더들이 우선 선점해야 할 키워드는 개성보다 '융합'이 아닐까 하는 생각이 드는 대목이다.

융합교육은 예술과 인문·사회학 영역을 과학·기술·공학의 시각에서 바라보고 상상할 수 있는 학습의 장을 마련해 줄 수 있다. 그리고 이런 교육제도 설계를 통해 융합기술에 대응할 수 있는 창의적 인재를 키울 수 있다. 융합기술에서 오는 사회 패러다임의 변화는 사람들이 주목하지 않는 곳에서 이미 시작되었음을 주지해야 한다.

지구온난화가 가속화되며 해수면이 매년 상승하는 상황에서, 네덜란드와 같은 저지대 해안 지역에서는 해상 건설기술을 위한 융합교육이 이미 진행되고 있다. 공학·인문학·경제학 등의 융합이다. 흥미로운 점은 단순히 육지를 보완하는 수준을 넘어 최초의 해상 도시를 세우는 것이 목표라는 것이다. 가까운 미래에 블록을 옮기듯 도시의 형태를 바꾸는 게 가능해지는 것은 물론이고 주거 공간이라는 개념이나 도시나 국경에 대한 기존의 인식 체계가 파괴될지도 모르겠다.

얼마 전 보물선과 가상 통화가 결합된 돈스코이호 투자 사기

사건을 떠올려 보라. 해저 지역을 이용한 융합사기극이 이미 벌어지고 있음에도 불구하고 충분한 교육적 연구는 미진한 상태이다. 해외에서는 해저 지역에 우리의 미래를 책임질 대체에너지가 있을 것이라고 보고 이미 활발한 연구를 진행하고 있다.

주목할 부분은, 이 연구가 '생물이 생존하기 위해서는 빛이 있어야 한다'는 기존 가설에 반한다는 점이다. 이러한 생각의 혁신은 생물체가 빛이 들어오지 않는 깊은 바다에서 생존하는 것을 가능케 하는 **황-환원 세균**(박테리아)[1]의 발견 덕택일 것이다. 더 나아가 주인 없는 깊은 바다에서 새로운 자원이 발견된다면, 에너지 산업의 전망과 패러다임을 송두리째 바꾸어 놓을 것이다.

지금의 초등학생들이 본격적으로 사회생활을 시작하게 될 20년 후를 떠올려보자. 그땐 이미 해상 도시가 실현되고 새로운 해저 에너지원이 발견됐을지도 모른다. 융합교육은 그 시점에 우리 사회가 혁신 기술 경쟁 속에서 우위를 점하기 위한 필수 조건일 것이다. 더 나아가 4차 산업혁명 시대에 국가의 생존 여부를 결정할 도구가 될지도 모른다.

---

1. 황산염을 혐기적 상태에서 유화 수소로 환원하는 미생물. 태양 에너지를 전혀 사용하지 않는 심해 열수 분출구 생태계에 다량 분포한다. 산업 환경에서도 황 환원 세균의 중요성이 부각되고 있는데, 석유 제품이나 산성 폐수 처리 시설 등 환경 정화에 활용된다.

제나라의 정치가이자 사상가였던 관중은 1년을 계획하려면 쌀을 심고, 10년을 계획하려면 나무를 심고, 100년을 계획하려면 아이들을 교육하라고 했다. 국가의 백년대계를 위한 융합교육의 설계가 그 무엇보다 절실한 때이다.

- 경향 2018. 10. 17.

스포츠 강국을 뒷받침하는 힘

"어떤 것에도 한계란 없다. 당신이 꿈꾸는 만큼 이룰 수 있을 것이다." 세계신기록을 37회나 경신한 미국 수영선수 마이클 펠프스가 10년 전 베이징올림픽에서 한 말이다. 인간의 한계 기록은 9.60초라는 정설을 깨뜨리고 9.58초를 기록하며 세상을 발칵 뒤집어놓은 육상 슈퍼스타, 자메이카 출신의 우사인 볼트도 기억할 것이다.

그렇다면 인간의 한계란 과연 어디까지일까? 인간의 한계가 존재하긴 하는 것일까? 누군가 이렇게 묻는다면, 대부분의 사람들은 당연히 인간의 물리적 한계가 존재한다고 대답할 것이다. 인간이 100미터를 8초대에 뛰거나 마라톤 풀코스를 1시간대에 달리는 것은 불가능할 것이기 때문이다. 적어도 우리가 보고 느끼는 상식선에서는.

여기서 말하는 상식선이란, 기존의 어떠한 틀(제도나 규칙) 내에서 상식적으로 인정되거나 허용하는 한계를 말한다. 바꿔 말해, 기존의 틀에서 벗어나거나 이 틀을 움직일 수만 있다면 인간의 한계에 대한 고정관념은 완전히 달라질 것이다. 이러한 주장의 근거는 바로 경기 규칙을 결정하는 국제 스포츠연맹과 매우 밀접한 관련이 있다. 국제 스포츠연맹들은 기술적 진보 등 변화하는 외부 환경에 적응하기 위해 매년 규칙을 개정하는데, 이와 동시에 잦은 규칙 개정으로 인해 혼란을 초래할 수 있다는 딜레마에 빠져 있다.

가령 전신 수영복의 등장으로 수영 각 분야에 세계신기록이 쏟아지자 국제수영연맹은 부작용을 없앤다는 이유로 전신 수영복 착용을 금지시켰다.

전신 수영복 문제가 논란의 중심이 된 것은 2008년 폴리우레탄 전신 수영복이 처음 선을 보인 때부터다. 그해만 해도 108개 세계신기록이 쏟아져 나왔으며 이듬해 열린 로마 수영선수권대회에서도 43개 세계신기록이 나왔다. 선수들의 기량보다 최첨단 수영복 덕분에 세계신기록이 만들어진다는 비판이 거세지자 국제수영연맹은 2010년부터 전신 수영복을 전면 금지했다. 그러자 2011년 상하이 수영선수권대회에서는 세계신기록 달성은커녕 1등을 한 선수들조차 기존 기록에 훨씬 못 미쳤다. 사실 기록은 수영복뿐만 아니라 경기 풀장의 길이와 너비, 깊이 등에 큰 영향을 받기도 한다.

다시 말해 인간의 육체적 한계에 기존의 틀을 깨는 기술혁신, 그리고 룰 개정이 결합되면 앞으로도 세계최고기록이 계속 경신되는 진관경을 볼 수 있을지도 모르겠다. 인간은 스포츠를 통해 한계를 계속 극복해나갈 것이란 뜻이다.

지금도 우리 삶을 놀랍게 변화시키는 기술혁신이 끊임없이 등장하고 있고, 이것은 선수들의 훈련에도 고스란히 적용되고 있다. 그 신기술은 또한 유니폼에 반영돼 선수들의 기록 경신으로 이어지고 있다. 이는 스포츠연맹으로 하여금 룰을 개정토록 하는 압력으로 작용하기도 한다. 우리 사회에는 충격적이고 위협적인 기술이더라도 스포츠 사회가 받아들일 준비가 돼 있다면 그것이 바로 혁신이며, 세계신기록 경신도 계속 이어질 것이다. 반대로 사회는 받아들일 준비가 돼 있지 않은데도 시장 논리만 좇아 스포츠 신기술을 등장시키게 되면 스포츠연맹의 룰 개정 정책에 혼란만 초래할 것이다.

우리는 이와 같이, 기존의 틀에서 벗어나는 새로운 관점을 받아들여 스포츠 정책의 기반을 마련해야 한다. 예컨대 기록이 룰 개정에 민감한 경기와 그렇지 않은 경기를 구분해서 맞춤별 정책 지원을 펼치고, 이를 토대로 국제 스포츠연맹에 미칠 영향력을 보다 전술적으로 고민해야 할 것이다. 분야에 따라 아시아인으로서 신체적 열세를 극복할 수 있도록 기술 개발자금을 전폭 지원할 필요도 있다.

우리에겐 박지성 선수가 있었고, 이제는 손흥민 선수도 있다. 불리한 신체 조건을 넘어선 대표적인 축구 선수들이다. 또한 피겨 슈퍼스타 김연아 선수와 현대 수영 종목 자유형에서 아시아인으로서 신체적 한계를 극복하고 눈부신 활약을 펼친 박태환 선수도 있었다. 이들 모두가 우리나라가 스포츠 강국으로 충분히 자리매김할 수 있음을 말해준다.

또한 우리나라에서 우사인 볼트를 능가하는 육상 스타가 나오지 말란 법도 없으니, 스포츠 육성 정책을 세울 때 기술혁신 요소를 간과해서는 안 될 것이다.

- 매일경제 2019. 7. 18.

...trz i wicemistrz
...Śląska

BĘDZIEMY GŁOSOWAĆ W 57 OBWODACH WYBORCZYCH

Przygotowania do zbliżających się wyborów do Sejmu i rad narodowych już się roz...

Jeden

Magazyn...

W ubiegłym ty...
w Teszku odbiór...
dynku magazynu...
Obiekt ten wznie...

7부

촛불 정부의 성공을 바라며

7부

촛불 정부의 성공을 바라며

대한민국 헌법 제1조 1항 '대한민국은 민주공화국이다'와 제2항 '대한민국의 주권은 국민에게 있고, 모든 권력은 국민으로부터 나온다'는 우리에게 대중가요 가사만큼이나 친숙하다. 하지만 이 문구는 세상을 바꿀 만큼의 폭발적인 힘을 갖기도 한다. 대표적인 예로 지난 세월호 참사와 국정 농단 사태는 '이게 나라냐'라는 국민적 공분을 샀고 결국 촛불의 힘으로 정의를 이룬, 우리 모두의 위대한 외침으로 기억되는 2017년 촛불혁명을 탄생시켰다. 이는 1960년 4.19 혁명과 1987년 6월 민주항쟁에 이은 세 번째 한국판 시민혁명으로 우리에게 깊은 울림을 준다.

국가란 무엇인가. 위 질문에 섣불리 도전하기보다는 선배 학자들이 오랜 기간 축적해 온 지식의 향연에서 그 답을 찾아보는 건 어떨까. "인간은 하나의 국가 속에 존재하고, 정의란 국가 없이는 존재할 수 없기 때문에 국가는 정의에 대한 인간의 자연적 요구에 의해 생긴다"고 말한 고대 그리스의 철학자 플라톤, 국가가 없던 시기를 "만인에 대한 만인의 투쟁"으로, 국가가 존재하고 정부가 존재하는 이유에 대해 "사회 구성원들의 삶에 대한 안선 보장에 있나"고 말한 영국의 철학사 노마스 홉스 등 국가의 본질과 기능을 밝히려 한 이론과 사상은 무수히 많다. 그럼에도 불구하고 우리가 살아가며 느끼는 대한민국의 존재 의미와 역할에 대해 명쾌한 해답을 제시해주는 선학을 찾기란 쉽지 않다.

그렇다면 우선 현 정부가 '촛불 민주주의' 실현이라는 과제를 안고 출범(2017년 5월)한 이래, 우리 삶에 깊숙이 영향을 미쳤던 사회 쟁점에 대해 상기해보도록 하자. 이를 통해 현재 우리 사회가 직면하고 있는 도전적 과제가 무엇이며, 국가는 우리를 위해 무엇을 준비하고 또 제시해야 하는지 등을 고민해볼 수 있을 것이다.

현 정부에 대한 국민적 기대는 그 어느 정부 못지않게 컸으며, 이러한 시대적 요구에 부응하기 위해 선의의 가치를 지향하고 있는 정부임을 결코 의심하지 않는다. 그럼에도 이따금씩 수면 위로 등장하는 사회 전반의 부조리를 보면 과거 정부의 모습이 떠오르는 건 나만의 기우일까.

마키아벨리즘은 지금도 통한다

현 정부 집권 이래 가장 쟁점이 되는 것은 단연 변혁적 북핵 문제다. 2017년 말에만 해도 북미 간 극도의 대치 국면이 이어졌으며, '화염', '분노', '괌 포위사격' 등의 위험 발언이나 양국 지도자들 간에 오고 간 비하 발언('리틀 로켓맨', '늙다리 미치광이' 등)을 떠올려 보면 당시 상황이 얼마나 심각했는지를 알 수 있다.

이렇게 급변하는 동북아 정세 가운데 정부는 한반도 운전자론을 내세우며 북핵 문제를 주도적으로 해결해 보고자 했다. 이는 1, 2, 3차 남북 정상회담으로 이어졌고 심지어 역사상 첫 북미 정상회담을 이끌어 내면서 그 어느 때보다도 한반도에 평화가 깃드는 것을 체감할 수 있었다. 하지만 2019년 2월 베트남 하노이에서 열린 제2차 북미 정상회담에서 건설적인 합의문 도출에 실패, 한반도 운전자론이 중대 기로에 놓였음이 방증되기도 했다.

동북아시아 패권을 다투고 있는 주변국들은 이 틈새를 결코 놓치지 않았다. 러시아 푸틴 대통령은 얼마 전 김정은 위원장과의 정상회담에서 6자회담의 필요성을 재차 강조함으로써 북핵 문제에 대한 개입 의시를 피력했다. 사실 러시아의 이와 같은 행보보다 더 우려되는 건, 그간 북핵 문제의 주도권이 거의 전무했던 일본의 움직임이다.

일본 아베 총리가 김정은 위원장과의 정상회담을 희망한다는 건 공공연한 사실이다. 아베 총리가 북한의 일본인 납치 문제를 정상회담 의제로 올릴 경우 국내 정치에서 긍정적 효과를 이끌어 낼 수 있을 것이고, 나아가 국교 정상화라는 명목으로 북한에 대규모 경제 지원을 진행할 수도 있을 것이다. 이런 대북 지원금이 유엔 제재 대상에서 제외될 가능성이 꽤 큰 이유이다. 국교 정상화는 말 그대로 외교의 최종 목표이자, 이러한 외교 활동이 바로 유엔의 존재 이유이지 않은가. 사실, 일본과의 수교는 극심한 경제난을 겪고 있는 북한 입장에서 그리 나쁜 제안은 아닐 것이다. 상상해보라. 평양에 일본대사관이 있는 것을.

북핵 문제를 둘러싼 기존의 해결 방식은 더 이상 유효하지 않을 것이다. 아마 송두리째 새롭게 쓰여야 할 것이다. 따라서 우리 정부는 **고장난명**孤掌難鳴[1]을 마음에 새기고 운전자를 넘어

1. '외손뼉은 울릴 수 없다'는 말로, 혼자서는 어떤 일을 이룰 수 없다는 뜻이다.

서 나라의 운명을 보다 적극적으로 끌고갈 '카레이서'의 역할도 주저하지 말아야 할 것이다.

나는 마키아벨리를 카레이싱 선생님으로 추천하고 싶다. 많은 철학자들은 군주제를 신랄하게 비판하면서 공화정을 주장한 『로마사 논고』가 그의 정치철학의 진면목을 보여준다고 말한다. 나 또한 여기에 마키아벨리의 '카레이싱 노하우'가 고스란히 담겼다고 본다. 세 권으로 구성된 『로마사 논고』의 제1권에선 왕정, 귀족정, 민주정의 절묘한 혼합이 로마 정치에서 어떻게 견제와 균형을 실현했는지를 소상히 말해 준다.

특히 마키아벨리가 속한, 지형적으로 강대국 사이에 위치한 피렌체라는 작은 도시국가는 지금 동북아시아의 우리 정치 지형과 굉장히 유사하다. 다시 말해 마키아벨리의 카레이싱 노하우는 21세기 대한민국에도 유용할 여러 외교적 책략을 제시하며, 작게는 정부의 신남방 정책을 가속화시켜 한·아세안 공동체라는 거대 비전을 펼치고 궁극적으로는 완전한 한반도 비핵화와 평화체제 구축이라는 시대적 과업을 달성하는 데 중요한 통찰을 제공해줄 것이다. 마치 유비의 군사軍師 제갈량처럼 말이다.

흔히 마키아벨리라고 하면 국가 이익을 위해 수단을 가리지 않고 효율성과 유용성만을 강조하는 『군주론』이 제일 먼저 떠오를 것이다. 일각에서는 이를 두고 목적을 위해 수단과 방법을 가리지 않는 권모술수의 대명사로 규정한다.

그도 그럴 것이 권력을 잡기 위해서라면 협잡과 겁박도 용인한다는 마키아벨리즘은 집필 당시인 15세기, 기독교 윤리의식에 젖어 있던 사람들에게는 결코 받아들일 수 없는 악마의 논리였다. 『군주론』은 심지어 스탈린과 히틀러가 즐겨 읽은 책으로도 알려져 있다. 물론 '마키아벨리가 이 책을 통해 관직에 복귀하려 했다', '반대로 군주정을 멸망시키려 한 것이거나 조롱한 것이다' 등 집필 동기와 의도를 두고 여전히 의견이 분분한 것도 사실이다.

그럼에도 불구하고, 서글픈 현실은 그의 논리가 6세기가 지난 오늘날에도 여전히 통용되고 있다는 점이다. 김경수 지사가 관련된 드루킹 댓글 조작 사건은 이미 사법부의 판단 영역으로 넘어갔지만, 이를 두고 여권 내에서는 현 정권의 성공을 위해 희생하고 있다는 역설적 평가가 저변에 깔려 있는 듯하다. 초선 의원에 지나지 않던 김 도지사가 지난 수개월간 대권 잠룡으로 거론된 걸 직시해 보라(사실 그 임기도 채우지 못했다). 이와 같은 내 기우가 단순한 추측일지 마키아벨리즘의 표본이 될지는 머지않아 판가름 날 것이다.

이와 유사한 또 하나의 정쟁은 이재명 지사와 관련된 '혜경궁 김씨' 사건이다. 진실 여부를 떠나 역설적으로 지지자들의 강건한 결속을 도모하고 있으니, 목적을 위해 수단을 가리지 않는 마키아벨리즘은 가히 금단의 열매 '선악과'로 불릴 만하다.

선거에서 이기기 위한 목적으로 이익과 결과에 대해 가치를 섞거나 흐리게 하는 정치적 술수는 비단 우리나라만의 사례가 아니라는 점이 그나마 위안이 된다. 예컨대 권력 유지를 위해 언론 통제와 불법 감청을 서슴지 않았던 닉슨 전 대통령을 떠올려 보라. 트럼프도 최근 2020년 재선을 위해 권모술수에 능한 인물을 물색하고 있고 부통령 비서실장인 닉 에이어스를—37세의 젊은 나이에도 불구하고—차기 백악관 비서실장이나 재선을 지원하는 정치자금 모금 조직인 슈퍼팩Super PAC에 중용하려는 움직임이 포착되고 있다.

이렇듯 레오나르도 다빈치, 미켈란젤로, 갈릴레오 갈릴레이 등과 함께 이탈리아의 아주 작은 도시 피렌체에서 태어난 마키아벨리의 사상과 그의 위상은 지금 대한민국 정치 지형에 있어서도 매우 강력한 영향력을 가지고 있는 듯하다.

- 매일경제 2019. 1. 10.

젊은 세대는
왜 화가 났을까

역사에 기록될 변혁적 남북관계와 두 명의 현 지사가 연루된 정쟁에 이어, 촛불 정부 등판 이래 끊이지 않고 제기되고 있는 사회 문제가 또 있다. 바로 평등과 공정 그리고 정의에 관한 논쟁이다. 문재인 대통령이 취임사에서 '기회는 평등할 것이고 과정은 공정할 것이며 결과는 정의로울 것'이라 천명했던 것과 궤를 같이한다. 그럼 어떤 이슈들이 있었을까. 너무 많아 선별적으로 언급해보려 한다.

먼저 평창동계올림픽 여자 아이스하키 단일팀 논란이다. 김정은 위원장이 2018년 신년사에서 북한의 평창동계올림픽 참가를 시사하는 발언을 한 것에 대한 보답으로 우리 정부가 여자 아이스하키 남북 단일팀을 추진하면서 촉발된 논란이다. 단일팀 구성을 통해 남북 간 화해 무드를 조성해보려는 정부 의도에는 오랜 기간 피땀 흘려 올림픽을 준비한 여자 아이스하키팀 선수 개인의 희생이 전제됐기 때문이다.

다행히 평창동계올림픽 이후 극적인 남북 관계 개선이 이루어지자 여론이 부정에서 긍정으로 돌아섰고, 국제적으로도 올림픽 정신에 부합했다고 평가받기도 했다. 그럼에도 불구하고 최대 다수의 최대 행복이란 의미를 내포한 **공리주의**[1]를 탐탁지 않게 바라보던 국민들 또한 많았음을 기억할 것이다. 무엇보다 우리 미래를 이끌어 갈 젊은 세대의 분노가 컸다.

기성세대가 중요시하는 안보나 통일 문제는 사실 이들의 가치관에 큰 영향을 주지 못한다. 젊은 세대의 비판 논리는 단순명료하다. 왜 대(국가)를 위해 소(개인)가 희생해야 하는가. 왜 소는 항상 대의 일방적인 결정과 지시를 받아들여야만 하는가. 이게 과연 정의로운가. 일방적 희생을 강요하는 사회 구조적 모순을 학교와 학원, 직장 등에서 여러 차례 경험하며 분노했던 기억이 머릿속에 여전히 생생하게 남아 있기 때문에 이들의 공분에는 날카로운 뼈가 있었다.

젊은 세대를 자극하는 사건은 계속 이어졌는데, 숙명여고 교무부장이 쌍둥이 딸의 내신 성적을 위해 시험지를 유출한 사건과 아시안게임에서 남자축구 대표팀이 금메달을 따면서 손흥민

---

1. 18세기에서 19세기에 영국에서 발달한 윤리설로 최대 다수의 최대 행복을 이상으로 한 공중적公衆的 쾌락설을 말한다.

선수의 병역 면제 문제가 화제가 된 것, 선동열 아시안게임 야구대표팀 감독을 불러내 병역 면제와 관련한 맹공을 퍼부은 국정감사 등을 들 수 있겠다.

어디 이뿐인가. 한진가家의 이명희와 조현민, 한국미래기술의 양진호와 마커그룹의 송명빈 등 재벌들의 '갑질' 행렬은 젊은 세대가 품고 있던 화에 기름을 부었고, 공기업 채용 비리와 고용세습 사건은 내규가 어떻든 간에 분명 이들이 믿고 있는 사회 정의라는 통념에 완전히 반하는 일임에 틀림없었다.

이걸로 끝이 아니었다. 현재 진행형이기도 한 미투 운동은 우리 사회에 실로 큰 충격을 가져왔다. 정치계에서는 안희정, 정봉주 등 영향력 있는 지도자들의 정치생명을 좌지우지했으며, 연루된 이들의 대처 또한 각양각색으로 국민들의 평가 역시 분분했다.

미투 운동이 고발한 영화계 현실 또한 결코 덜하지 않았다. 조재현, 오달수 등 우리에게 친숙한 배우들이 저지른 만행이었기에 충격이 더욱 컸다. 조민기 자살 사건은 마치 들불처럼 번져나가던 미투 운동에 찬물을 끼얹기도 했지만. 그 외에도 연극계, 출판계를 넘어 종교계와 교육계, 체육계까지 옮아간 미투 열풍은 우리 사회 곳곳에 수많은 논란의 씨앗을 남겼다. 미투 신고자의 2차 피해 또한 속출하고 있어 안타깝기 짝이 없다.

대한민국 헌법 제11조 1항은 '모든 국민은 법 앞에 평등하다. 누구든지 성별·종교 또는 사회적 신분에 의하여 정치적·경제적·사회적·문화적 생활의 모든 영역에 있어서 차별을 받지 아니한다'라 말하고 있다. 또 12조부터 22조에 걸쳐 우리의 자유를 폭넓게 보장하겠다고도 말한다. 단순히 헌법 순서만을 놓고 본다면, 평등이 자유에 우선돼야 하는 게 아닐까 하는 고민도 하게 된다.

사람들이 서로 평등하다고 생각하지 않을 경우, 예컨대 재벌 총수와 운전기사의 삶의 질과 가치가 같다고 믿지 않을 때 과연 운전기사에게 재벌 총수가 누리는 만큼의 자유가 보장될지는 의문이다. 쉽게 말해 우리 모두가 평등한 통치 체제 아래 있을 때라야 비로소 진정한 자유를 보장받을 수 있는 게 아닐까.

약 200년 전 프랑스 정치사상가 알렉시 드 토크빌은 말했다. 자유민주주의 체제에서는 평등이 자유에 우선할 때, 민주주의는 다수에 의한 폭정이 될 위험에 처하게 된다고. 그리고 토크빌의 사상이 여전히 유효하다는 게 정치학계의 중론이기도 하다.

지난 1년 반 동안 우리 사회가 겪은 이러한 논란에 대해 오래전부터 훤히 꿰뚫고 있던 철학서가 있는데, 바로 장 자크 루소의 『인간 불평등 기원론』이다. 루소는 '죽음과 그 공포에 대한 인식은 인간이 동물과 차별화되면서 얻은 최초의 지식'이라는 믿음으로 "인간은 죽음의 공포로부터 벗어나기 위해 문명을 발전시켜야 했지만 한편으론 이 문명의 과정에 불가피하게 수반되는 불평등 또한 감내해야만 했다"며 불평등의 기원을 설명했다. 이런 루소의 혜안을 받아들인다면, 사회 전체의 문명화를 위해 개인이 포기해야만 하는 '태생 시 부여받은 평등'은 누구로부터 돌려받아야 하는 것일까.

나는 이 질문에 요즘 젊은 세대가 줄기차게 부르짖는 평등한 사회에 대한 근본적인 고민이 담겨있다고 생각한다. 더 나아가 정치인들이 그토록 간절하게 외치는 대한민국의 헌법적 가치가 내포돼 있다고 본다. 평등은 결코 타협할 수 없는 것이며, 우리가 수호하고 국가가 반드시 우리에게 되돌려줘야 하는 고결한 가치이다. 그리고 대한민국 헌법 제1조 1항의 민주공화국을 향한 우리의 이상을 실현시키기 위한 최우선의 조건이 돼야만 한다.

- 매일경제 2019. 1. 17.

탈원전,
악마는 디테일에 있다

평등과 공정 그리고 정의의 가치에 역행하는 수많은 논란들을 뒤로하고, 우리 사회를 이분화하고 혼란을 불러일으킨 대표적인 사건이 바로 탈원전 정책이었다. 국가가 신규 원전 전면 중단을 선언하고 원전 건설 계획을 백지화하는 등 점진적으로 원자력 발전의 비중을 축소한다는 것인데, 독일의 성공 사례가 있으니 이를 본받자는 주장이다.

독일은 신재생에너지 산업에 투자를 적극 추진하며 '녹색경제'라는 큰 틀 안에서 새로운 성장 돌파구를 모색하고 있다. 또한 독일은 2022년까지 완전한 탈원전을 실현하고자 한다. 이러한 녹색성장 비전은 오늘날 독일이 국제사회에서 리더십을 인정받고 있는 이유이기도 하다.

'녹색경제', '친환경'이라는 말만 들어도 유럽의 선진국이 떠오르는 판에 어느 누가 이와 같은 웰빙을 추구하는 삶에 반기를 들 수 있겠는가. 원전에서 나오는 방사성 폐기물 처리도 여전히 난제로 남아있는 상황이니 말이다. 거기다 일본 후쿠시마 원자력발전소 폭발 사고와 같은 대참사를 떠올려 보면, 현 정부의 탈원전 정책이 그리 나빠 보이지만은 않는다.

하지만 이 논쟁에 깊숙이 들어가 보면 꼭 그런 것만도 아닌 듯하다. 재작년 신고리 5·6호기 건설 여부에 대해 시민 500여 명이 토론을 벌인 적이 있다. 정부는 공론화위원회를 통해 **숙의 민주주의**[1]를 일정 부분 실현시켰다는 점에서 하나를 얻었지만, 여전히 수많은 사람들이 탈원전의 대원칙에 반대한다는 사실 또한 받아들여야 했기에 다른 하나를 잃은 셈이다.

탈원전 반대론자들의 요지는 이렇다. 국가 에너지 정책은 최소 5~10년 뒤를 내다보고 수립해야 한다. 그런데 현재대로 탈원전 정책을 추진한다면 5년 후 우리나라 에너지 수급에 큰 차질을 빚고 이는 경제에 큰 악영향을 미친다는 것이다. 또한 (고립된) 전력 계통망과 높은 인구밀도를 고려할 때 독일 에너지 정책과의 단순 비교는 어불성설이라는 것. 실제로 독일 전력 생산량의 절반은 여전히 화력발전에 의지하고 있다고 알려져 있다.

다시 말해 에너지 정책은 개별 국가의 특성에 맞춰 중장기

---

1. 숙의熟議란 깊이 생각하고 충분히 논의한다는 뜻으로, 숙의가 의사결정의 중심이 되는 민주주의를 말한다. 최대한의 동의와 합의를 이끌어내도록 노력한다는 의미가 있다.

적인 관점에서 수립해야 하는데, 이번 탈원전 정책은 이에 대한 깊은 고민이 부족해 보인다는 것이다. 특히 탈원전 반대론자들 눈에는 오랜 기간 축적해온 '메이드 인 코리아' 원전 기술이 마치 정권의 정치적 명분에 좌지우지되는 것처럼 비치니 대한민국의 미래가 걱정스럽기만 한 것이다.

오래전 국내 시중 은행의 예비 지점장들을 대상으로 '해상풍력 발전을 중심으로 본 신재생에너지 전망'에 대해 강연한 적이 있다. 신재생에너지 산업 육성을 위한 공격적 투자는 원자력 에너지원의 든든한 버팀목 위에서만 가능하다는 게 당시 전문가들의 견해였다. 원자력 에너지원의 상당 부분은 국가 에너지 정책에서 변수가 아닌 상수라는 말이다.

사실 정부의 탈원전 정책도 이런 합의에서 크게 벗어나지 않는다. 얼마 전 정부가 내놓은 「재생에너지 3020」 정책을 보면 2030년까지 재생에너지 발전량 비중을 20퍼센트로 늘리겠다는 것이다. 그리 큰 비중도 아닐뿐더러 완전한 탈원전 시점은 아직 30년도 더 남은 2050년으로 계획하고 있다.

얼핏 보면 2050년 탈원전은 충분히 실현 가능하다고 생각할 수 있지만 '악마는 디테일에 있다'고 하지 않던가. 정부는 2050년 완전한 탈원전의 성패가 활발한 국민 참여에 달려 있다고 말한다. 사실 이만큼 애매모호한 표현도 찾기 쉽지 않다.

원자력 발전소

근래 들어 주택 지붕에 태양광판이 설치된 광경을 심심치 않게 볼 수 있긴 하다. 정부의 독려로 국민들의 참여가 한몫한 것으로 보인다. 하지만 풍력은 어떤가. 제주도에 집중 설치되고 있는 해상풍력의 경우 자연경관 훼손, 바다 훼손, 관광지 경관 훼손 등의 문제로 거주민과 적지 않은 갈등이 일어나고 있다.

그런가 하면 육상풍력은 산림 훼손 문제를 넘어 거주민의 삶에 직접적으로 피해를 주는 소음 문제가 있다. 기본적으로 엄청난 소음을 동반하기 때문에 한번 가까이에서 들어보면 그 근처에 살고 싶지 않을 정도다. 상황이 어찌됐던 정부는 청정에너지라는 이유로 지자체에 설치를 적극 권장하고 있는 실정이다.

이렇듯 쉽지만은 않은 국민 참여와 정부·지자체 간 긴밀한 협조(예컨대 개발이익 공유 등)가 이뤄지지 않는다면 우리 대한민국이 뚜벅뚜벅 걸어가야 할 30년은 걷기 좋은 가을 산책이 아닌 고난의 행군이 될 가능성이 크다. 그래도 여전히 이 길이 맞다고 판단한다면 정부가 탈원전을 둘러싼 갈등조정 기구를 공격적으로 운영해보는 건 어떨까. 국민 상당수가 이 정책에 반대하고 있고, 찬성하는 국민들도 어느 정도 참여할지 미지수이니 말이다.

동시에 정부는 너무 원칙만을 고수하지 말고 우리의 원자력 기술력 또한 함께 키워나갈 대안도 모색하는 융통성을 발휘해야 할 것이다. 만약 정부가 이에 대한 깊은 고민과 성찰을 향후 정책에 담아내지 못한다면, 이웃나라 일본과 같은 기초과학 강국을 꿈꾸고 노벨 과학상을 기대하는 이 모든 것이 넌센스로 들릴 것이다.

- 매일경제 2019. 1. 24.

비트코인,
'신뢰의 룰' 첫 단추

최근 탈원전 정책만큼이나 사회적 파급력이 큰 논란이 또 하나 있었다. 바로 대한민국을 넘어 전 세계에 불어닥친 가상화폐 '비트코인 광풍'이다. 내 주변만 봐도 비트코인에 투자해 큰돈을 벌었다는 벼락부자 이야기를 심심치 않게 접할 수 있다.

하지만 이 같은 광풍 속에서 비트코인의 가치는 하루에도 수백만 원 정도의 등락을 거듭하기 때문에 여기에 돈을 넣은 사람은 본업은 뒷전으로 미룬 채 하루에도 수십 번 내지는 수백 번 거래소에 접속하곤 했다.

이를 지켜보던 진보 지식인들은 하나같이 비트코인 거래가 거의 도박 수준이라며 맹렬히 비판했다. 일종의 돈 세탁이자 탈세에 최적화돼있다는 것이다. 그래서 비트코인은 결국 지하경제 양성 도구로 전락할 공산이 크기 때문에 당장 거래소를 폐쇄하지 않으면 우리 사회의 암적인 존재가 될 거라는 주장이다.

다른 한 축에서는 암호화폐를 제도권 내로 편입시키기 위한 일부 규제에는 동의하면서도 정부가 이를 불법으로 바라보는 그 자체만으로도 여론을 호도하는 것이라며 불만을 드러낸다.

이렇듯 양측의 팽팽한 대립 아래 법무부, 금융감독원 그리고 국회에 이르기까지 암호화폐와 관련한 수많은 논란이 이어졌고, 지금은 잠시 불씨만 꺼진 상황일 뿐 언제 다시 터질지 모르는 시한폭탄과 같은 문제라 하겠다.

이 논란을 자세히 들여다보면 반대 측과 찬성 측 주장의 요지에 절묘한 차이가 감지된다. 바로 '비트코인'과 '암호화폐' 그리고 '블록체인'이란 용어의 쓰임새다. 사실 우리 사회는 비트코인을 통해 암호화폐와 블록체인을 접했기 때문에 이 말을 들으면 투기, 도박, 사기 등 부정적 측면을 먼저 떠올리게 된다. 하지만 이들 간의 차이를 명확히 이해하지 못하는 한 비트코인 설계자의 어떤 의도(?)에 쉽게 휩쓸리게 될지도 모른다.

쉽게 설명하면, 비트코인은 암호화폐의 한 종목이고 암호화폐는 블록체인이란 기술에 기반한다. 예컨대 비트코인이 현대 소나타의 차체車體라면 암호화폐는 보통명사의 의미로 자동차 자체를 말하며, 블록체인은 이 자동차에 장착된 엔진 기술이나 전장 시스템으로 볼 수 있다.

사실 비트코인은 굉장히 좋은 취지로 등장했다. 기존 은행에 의존하는 거래 형태에서 탈피해 개인 간 전자화폐 시스템을 통해 거래해보자는 것이다. 아무리 신뢰가 가는 정부나 은행이라도 해킹의 위험에 노출돼 있는 게 현실이지 않은가. 즉 화폐를 국가가 발행하거나 통제하지 않으며 제3자의 보증이 필요 없는 완전한 탈중앙적 개념으로 탈바꿈해보려는 것이다. 이런 시도의 일환으로 등장한 것이 바로 비트코인이며 블록체인이다.

블록체인은 '공공 거래 장부'라 불리기도 하는데 기존 은행이 독점적으로 보관하던 거래 장부를 공개한다는 것이다. 블록block의 형태를 띤 수많은 거래 정보를 체인chain이란 매개로 한데 묶는 걸 의미하며, 이렇게 만들어진 장부는 모두에게 공유됨과 동시에 수시로 '새로 고침'돼서 잘못된 정보는 자동 수정된다. 세상 모든 사람들이 똑같은 그리고 정확한 장부를 갖게 되므로 이론상 이 장부는 결코 조작할 수가 없다.

한편으로는 '51퍼센트의 공격'에 대한 우려 또한 공존한다. 예컨대 장부를 공유하는 100명 중 51명이 담합해 장부 조작을 시도할 경우를 일컫는데, 특히 최근 들어 이런 공격 사례가 잇따르고 있다. 그렇다 해도 다가오는 4차 산업혁명 시대에 블록체인이 차지할 무궁무진한 가능성을 무시할 수 없기에 블록체인의 딜레마라 하겠다.

좀 더 큰 틀에서 이런 공공 거래 장부 개념이 정치나 사회 영역에 적용된다면 우리 사회가 어떻게 바뀔지 생각해보라. 중앙 권력과 거대 자본의 힘이 우리 모두에게 공평하게 배분될지도 모르는 일이다. 정말 이렇게 될 수만 있다면 기득권 세력이 더 이상 우리를 기만하거나 속일 수 없을 것이다. 우리에게는 공공거래 장부가 있으니 그 누구도 거짓을 말할 수 없지 않겠는가.

블록체인의 대가인 돈 탭스콧은 저서 『블록체인 혁명』에서 블록체인과 함께 하는 미래 사회에 대해 "기술은 강력한 수단이지만 기술만으로는 우리가 원하는 변화를 이끌 수 없다. 신뢰가 숨 쉬는 새로운 시대를 위한 정부를 재창조해야 한다"고 말한다. 앞으로의 미래는 이 기술을 어떻게 활용하느냐에 따라 변화하고 재창조될 수 있다는 추론이 가능한 대목이다.

미래의 권력은 신뢰에서 나올 것이다. 블록체인의 시작은 곧 우리 사회의 '신뢰의 룰'을 만드는 첫 단추가 될 것이다. '스마트 계약'이란 말을 들어본 적 있는가. 이는 법률관계를 분석하고 저장하며 행정 시스템과 연동시키는 계약 메커니즘을 말하는데, 소유권 이전이나 상속 또는 증여 등에 이미 적용되고 있다. 나는 이와 같은 계약 방식이 가까운 미래에는 너무도 당연시될 것으로 본다.

이 모든 가능성을 고려해 볼 때, 블록체인의 부정적인 경제·사회적 파급효과를 최소화시키되 이 기술의 혁신 성장을 저해하는 불합리하고 불필요한 규제들은 과감히 걷어내는 운용의 미가 대한민국 리더들에게 절실하다.

- 매일경제 2019. 1. 31.

성장과 분배의 공존 법칙

촛불 정부 첫 해(2017년)가 탈원전과 비트코인으로 논란이 된 해였다면 두 번째 해(2018년)는 최저임금 논란과 함께 한 해였다 해도 과언이 아니다. 정부는 지난 수년간 7퍼센트대로 유지해오던 최저임금 인상률을 지난해 16.4퍼센트로 급격히 인상시키며 역대 최대 인상 폭을 기록했다.

한 국책연구원에서는 작년 최저임금 인상으로 인한 일자리 감소가 그리 많지 않았지만 올해와 내년에는 그 여파가 클 것이며, 따라서 고용이 크게 감소할 것이란 전망을 내놨다. 또한 학계와 산업 현장에서도 속도 조절이 필요하다는 지적을 줄기차게 해왔고, 정치권은 이를 쟁점화시켜 최저임금 인상을 소득 주도 성장의 핵심인양 정치적 프레임을 씌우기에 이르렀다.

이런 공세에 더해 작년 말 고용 감소 등 경제지표가 지속적으로 악화되면서 당시 국가 경제정책의 **양대 수장**[1] 모두 자리에서 내려와야 했다. 이른바 김앤장 불협화음은 일단락됐지만 이 또한 아주 잠시뿐일 것이다.

앞서 다룬 탈원전 논란과 비트코인 광풍 그리고 지금 설명하고자 하는 최저임금 인상과 관련된 논란들 간에는 몇 가지 공통점이 있다. 우선 세 가지 논란 모두 경제와 밀접한 관련이 있고, 기존 경제정책 방향에 반하는 일종의 패러다임 전환의 시도라는 점, 그리고 앞선 두 이유 때문인지 모두 이데올로기적 논쟁에 빠지기 쉬운 약점을 갖고 있다는 것이다.

예컨대 탈원전 정책을 통해 중장기적으로 우리 국민이 얻게 될 친환경적 삶의 질 개선에 대해 언급하는 언론 기사를 본 기억이 별로 없다. 반면 탈원전 정책으로 저소득층의 에너지 소외와 격차가 커지고 있다고 비판하는 기사가 수두룩하다.

또한 여러 언론에서는 비트코인을 사회계층 이동을 실현할 수 있는 21세기 최대의 기회라는 뉘앙스를 풍기며 이를 규제하려는 정부를 비판하고 있지만, 정작 비트코인 거래의 최대 수혜자들은 계층 이동을 꿈꾸는 서민들이라기보다 소위 가진 자들이었다. 규제의 불확실성과 비트코인의 가치 하락에도 불구하고 세계적 규모의 투자은행들이 최근 더욱 공격적인 프로젝트를 계획하고 있다고 하니 '가진 자들의 리그'라는 표현이 그리 과한 것도 아니다.

---

1. 김동연 전 경제부총리와 장하성 전 청와대 정책실장을 가리킨다.

그럼 최저임금 인상 논란은 어떨까. 이는 현 정부가 추진하는 소득 주도 성장 정책의 일부에 지나지 않지만 이미 많은 사람들의 머릿속에는 '최저임금 인상=소득 주도 성장'이라는 징치적 프레임이 깊숙이 자리하고 있다.

사실 소득 주도 성장의 논리는 아주 간단하다. 대한민국 경제가 만성적 불황에서 벗어나기 위해서는 내수 부진을 끊어내야 하는데, 특히 **한계소비성향**[2]이 높은 저소득층의 가처분소득을 늘려줘야 가능하다는 것이 현 정부의 판단인 것 같다. 이른바 분수효과를 기대하는 것인데, 어찌 보면 간단한 것 같은 이러한 경제 진단이 왜 이렇게 논란이 되는 것일까. 앞서 언급했듯이 이는 태생적으로 이데올로기적 성격을 내포하고 있기 때문인 듯하다. 좀 더 쉽게 설명해보면 이는 성장 대 분배 또는 낙수효과 대 분수효과라는 오랜 논쟁과 별반 다르지 않다는 말이다. 더 파고들어가 보면 우리 인간이 지난 3천 년 동안 국가의 역할이란 무엇인지 정의하려 한 끊임없는 고민과 시도가 여기에 함축돼 있다.

이 시대 우리 사회 이념형 보수의 근간이라 할 수 있는 토마스 홉스의 '사회계약 국가론' 그리고 시장형 보수의 핵심가치이

---

2. 추가 소득 중 저축되지 않고 소비되는 금액 비율.

자 오랜 기간 자유주의 진영을 관통하며 정립된 '최소국가론' 등 보수의 이념과 가치는 지난 60년 이상 우리나라를 지배해왔다. 이 강력한 헤게모니 담론에 대항한 도구적 국가론, 다시 말해 한때 지구의 반을 지배한 마르크스의 이상적 국가 개념은 오늘날 우리 사회의 진보 국가론 형성의 토대가 됐다. 유럽의 많은 국가는 이와 같은 이상을 사회민주주의 체제라는 형태로 받아들이고 있다.

이러한 사상과 담론의 형성 과정을 고찰해보는 것이 현재 우리 사회의 정책 논란을 이해하는 데 큰 도움이 될 수 있다. 하지만 나는 자본주의 시스템 하에서는 절대 끝나지 않을 이 케케묵은 논쟁에 대해 과거의 국가론을 운운하며 하나하나 들춰보고 싶지는 않다. 사실 그러기에는 내 역량이 한없이 부족하기 때문인지도 모르겠다.

그보다는 오늘날 국제사회에서 통용되는 보편적 담론을 근거로 이 해묵은 논쟁에 대해 다음과 같이 정리해보려 한다. 국민이 참을 수 없을 정도의 극심한 소득 격차 혹은 너무나도 불균형한 분배구조를 가진 경제체제는 결코 지속적인 성장을 이룰 수 없으며, 성장하지 못하는 경제는 분배구조를 개선시키기 위한 중장기적 정책 집행이 불가능하다. 한마디로 성장과 분배는 단기적으로는 갈등관계가 되기도 하지만 중장기적으론 공존관계여야 하고, 또 그럴 수밖에 없는 운명을 지녔다 하겠다.

현 정부의 처방이 맞든 틀렸든 소득 주도 성장론은 일단 이데올로기 싸움에서는 진 것으로 보인다. 앞서 말했듯이 최저임금 인상이 소득 주도 성장의 전부인 듯한 사회적 여론이 형성된 것을 보면 그렇다. 게다가 경제지표 측면에서도 작년에 이어 올해 역시 부정적 전망이라는 언론 보도가 이어지고 있다. 특히 보수 성향의 언론사들은 '경제지표마다 IMF 환란·금융위기 이후 최악'이라며 최저임금 인상에 맹비난을 퍼붓고 있다. 사실 최저임금 인상은 지난 대선 때 모든 후보가 공약했던 부분이기도 한데 말이다.

한쪽에서는 '고용지표 A가 악화됐다. 현 정책을 수정하라!'고 하고, 다른 한쪽에서는 '지표 A는 통계 표본 적정성에 문제가 있다'며 '지표 B가 좋아진 걸 봐야 한다!'고 반론하는 등 국민들 입장에서는 누구의 말을 믿어야 할지 당최 알 수가 없는 상황이다.

누군가 TV에 나와 이해하기 쉬운 용어를 사용해 '고용을 창출하는 건 바로 기업'이라며 소득 주도 성장 정책은 틀린 처방이라고 비판하는 모습을 볼 때면, 우리 역시 현 정부의 정책 기조에 부정적인 입장을 취한 것도 사실이다. 한편으로는 일상에 크게 와닿지도 않는 통계 수치들을 들이밀며 최저임금 인상 정책이야말로 우리 경제의 고질병을 고칠 수 있는 마지막 카드라고 열변을 토하는 전문가들을 볼 때면 정부의 경제정책 기조에 그냥 표를 던지고 싶은 심정이기도 하다. 이렇듯 우리에게는 이러한 이데올로기적 토론이 좀 더 쉽게 이해되고, 이런 이해를 바탕으로 한 쪽 주장을 선택하기 용이한 측면이 있다.

정부의 소득 주도 성장 정책은 이처럼 이데올로기적 성격이 매우 짙기 때문에 정부가 정책의 지속 가능성을 진지하게 고민한다면 최저임금 인상에 관한 시장의 수용성을 면밀히 검토해가며 정책을 펼쳐야 한다. 그리고 수용성 분석 결과가 부정적이라면 자영업자와 소상공인들의 경쟁력이 어느 정도 뒷받침될 때까지 기다리며 인상 속도를 조절하는 것 역시 필요하다.

최저임금 인상 논쟁은 비단 우리나라만의 문제가 아니다. 전 세계적으로도 임금 인상을 통한 경제구조 전환을 놓고 연착륙하느냐 경착륙하느냐는 논의가 활발하게 벌어지고 있으며, 이런 상황은 앞으로도 지속될 것이다. 우리가 주변 선진국(특히 유럽의 사회민주주의 체제)의 최저임금 인상 정책과 그 여파를 살펴보듯, 우리가 이뤄낸 한강의 기적을 배우려는 수많은 개발도상국들도 우리의 이번 정책 효과를 예의주시하고 있다. 어쩌면 성장과 분배 담론 아래 정부가 취하고 있는 입장이 시의적절한 것인지 아닌지는 진정으로 배우려는 자들이 더 객관적으로 판단할 수 있을지도 모르겠다.

- 매일경제 2019. 2. 7.

혁신과 소통의 리더십을 기대하며

나는 현 정부의 국정 철학에 대해 8할은 긍정하고 지지하는 편이다. 하지만 나머지 2할에 대해서는 아쉬움이 남는 것도 사실이다. 이중 1할은 혁신성장의 지지부진한 성과 때문이고 다른 1할은 소통 부족 논란과 무관치 않다. 물론 인수위원회도 없이 출범했던 터라 집권 초기에는 국가 지도자 주도의 국정 운영이 불가피했을 것이다. 하지만 집권 중반기를 넘어서고 있는 지금까지도 각 부처가 정책을 주도적으로 수립, 집행한다기보다는 여전히 과도해 보일 정도로 정책적 헤게모니를 쥐고 있다는 느낌을 지울 수가 없다.

먼저 혁신에 대해 생각해 보자. 정부는 소득 주도 성장과 공정경제 그리고 혁신성장을 3대 정책 기조로 든다. 그러나 많은 국민들이 혁신성장에 대해 적잖은 의구심을 품고 있다. 지난 2년 반 동안 혁신성장을 위해 정부가 어떤 정책을 폈는지 자세히 알고 있는 국민은 별로 없을 것이다. 문재인 대통령 취임사에서도 엿볼 수 있듯이 어쩌면 정부는 애초에 혁신성장을 (다른 두 축에 비해) 시대정신으로 여기지 않았을지도 모르겠다.

한쪽에서는 '정부가 건건이 기업을 옥죄고 있는데 무슨 혁신을 바라겠는가'라며 소득 주도 성장과 혁신성장은 절대 양립할 수 없다고 주장한다. 이런 주장의 진위 여부를 떠나 정부가 3대 정책 기조를 진정성 있게 이어가고자 한다면 정책 안정성과 예측 가능성을 높이기 위해 이 세 가지 축을 유지하되 외부로부터 다양한 혁신 아이디어를 수혈받아야 할 것이다.

무엇보다 4차 산업혁명 시대를 선도할 특정 산업에는 **갈라파고스 규제**[1]라는 비판이 무색할 정도의 파격적인 정책적 행보로 말이다. 즉 **매크로**macro적[2] 정책 기조보다는 세부 정책별로 접근하는 마이크로micro 리더십을 발휘하고, 상의하달식보다는 하의상향식 의견 수렴, 청와대 목소리보다는 각 부처의 의견이 개진되도록 하는 제도 설계가 시급한 시점이라 하겠다. 그래야만 비로소 소득 주도 성장과 혁신성장이 양립할 수 있는 경제구조로 탈바꿈할 수 있지 않을까.

양립 가능한 경제구조로 전환하려는 노력이 절실하지만, 그

---

1. 국제적 흐름과 단절되어 불합리하고 불편해서 개선해야 할 규제를 말한다.
2. 거대하다는 뜻.

논리는 생각보다 간단하다. 혁신이 경제성장을 주도하면 장기적 효과가 있다. 경제학의 기본 원리만 되짚어 봐도 쉽게 알 수 있는데, 생산요소를 동일하게 투입하더라도 생산성 차이에 따라 산출량이 달라진다. 그리고 이 생산성을 증대시키는 주된 동인이 바로 혁신이다.

나는 1만 명을 먹여 살릴 천재 1명으로 대변되는 성장제일주의를 옹호하지는 않지만 그래도 어쩌겠는가. 4차 산업혁명의 핵심 중 핵심인 융합기술이 이런 성격을 담고 있는 걸. 그리고 이것이야말로 다가오는 초세계화 시대의 경쟁 법칙이 될 텐데.

혁신에 이어 소통은 어떨까. 문재인 대통령이 취임사를 통해 국민통합 의지를 천명했던 걸 떠올려보면 이 대목은 특히나 아쉽다. 예컨대 얼마 전 김태우 전 청와대 특별감찰반원과 신재민 전 기획재정부 사무관의 폭로 아닌 폭로에 대해 '궁지에 몰린 미꾸라지 한 마리가 개울물을 온통 흐리고 있다'느니 '전 사무관의 주장에 차관급이 일일이 대응할 사안은 아니'라는 식의 대응은 우리가 기대했던 소통 방식과는 너무도 동떨어져 있었다. 또한 문 대통령의 1호 공약이기도 한 '소통하는 광화문 대통령 시대'는 사실상 파기되지 않았던가.

얼마 전 **데드크로스**dead cross[3]를 경험한 현 정부의 국정 지지율을 감안한다면 이제부터는 위기의식을 갖고 소통 강화를 위해 적극 노력해야 할 것이다. 내가 말하는 소통이란 단순히 지도자가 기자들과 앉아 자유롭게 대화하는 걸 말하는 게 아니다. 지도자의 전향적 소통 의지를 넘어 개혁적이고 공격적인 소통 행정을 제도화하는 것을 말한다. 물론 지나친 표현이다 싶지만 '방콕·혼밥 대통령'이라는 야당의 지적에 대해 좀 더 고심하고 사색하는 지도자의 자세가 요구된다.

워싱턴에는 **롤로덱스 정치**[4]라는 말이 있다. 대통령이 수시로 상·하원 의원과 통화하고 식사하며 자신이 추진하고자 하는 정책을 설명하고 설득하는 정치 스타일을 말한다. 과거 칼국수를 함께 먹으며 야당과 대화하려 노력한 김영삼 전 대통령이 이에 해당할 것이다. 물론 집권 후반으로 넘어가면서는 다소 뜸해졌지만 말이다.

보수 성향의 언론 기자들과 와이셔츠 차림으로 커피를 들고 광화문 광장을 걷는 장면, 빈번해 보일 정도인 야당 지도자와의 식사 장면, 그리고 이 모든 게 반영된 정부의 정책 발표 장면에서, 2017년 5월 '우리가 그리던 지도자'라는 그의 위상과 그가 구상하던 '협치 내각'에 한 표를 던진 이유를 찾을 수 있다.

---

3. 여론조사에서 부정적 평가가 긍정적 평가를 앞서는 현상을 말한다.
4. 롤로덱스는 명함꽂이 브랜드명이다.

그럼 혁신과 소통을 위해 남은 임기 동안 무엇에 주력해야 할까. 이 두 가지 도전에 대해 현명하게 **양수겸장**[5] 하려면 개방형 혁신을 바라보는 지도자의 변혁적 자세와 이데올로기가 다른 이들의 고언이라도 귀하게 받아들이는 '개방형 필터링' 제도 마련이 무엇보다 중요하다고 생각한다.

이러한 새로운 접근법은 리더들로 하여금 우리 경제를 '새롭고', '기존과 다른' 그리고 '독창적인' 방식으로 바라보게 할 것이고 결과적으로 정부가 그토록 원하는 분배정책의 지속 가능성을 높여줄 것이다. 이는 성장이라는 달콤한 열매를 우리 사회에 꾸준히 공급해줄 수 있기 때문에 궁극적으로 포용적 성장을 가능케 한다는 말이기도 하다.

이 대목에서 벤저민 프랭클린의 변혁적 인생을 짧게나마 되짚어보려 한다. 그는 '흙수저'로 태어나 자신의 노력만으로 삶의 모든 영역에서 완벽한 성취를 이룬 최초의 미국인이자 18세기 신대륙의 역사와 정신을 상징하는 인물이다. 발명가, 과학자, 정치인, 외교관, 문필가 등 수많은 호칭이 따라붙는 그는 오늘날 그 중요성이 더욱 부각되는 융합기술을 위한 학제 간(여러 학문 분야가 관련된) 연구에 능통했다.

---

5. 장기에서 두 개의 짝이 한꺼번에 장을 부르는 말밭에 놓이게 된 관계를 의미한다.

또한 진위 여부를 놓고 논란은 있지만, 프랑스 대사 시절 제안한 '시계를 1시간 미래로 돌려놓는' 서머타임은 그가 맨 처음 떠올린 아이디어였다고 한다. 그는 전등에 소비되는 연료와 방출되는 빛이 동일하지 않다는 것을 발견함과 동시에 파리 상인은 저녁시간 동안 양초에 상당한 돈을 지출한다고 판단했다. 만약 파리 시민들이 1시간만 일찍 일어나면 연간 3만 톤의 양초를 절약할 수 있을 거라고 생각했다. 사소해 보일지도 모르는 그의 아이디어는 훗날 전 세계 많은 국가의 경제활동 패러다임을 송두리째 바꿔놓기에 이른다.

프랭클린은 정치인으로서, 문필가로서 이념의 좌우를 폭넓게 포괄하려 노력했고 동시에 발명가이자 과학자로서 그리고 외교관으로서 다방면의 변혁적 아이디어를 받아들이며 새로움을 몸소 실천했다.

현대인의 필수품이 된 다이어리, 그중 인기가 너무 높아진 나머지 브랜드명이 상품의 대명사가 돼 버린 '프랭클린 플래너'에 대해 한 번쯤은 들어봤을 것이다. 프랭클린 플래너는 성실과 절제의 상징인 그의 수첩을 모티브로 탄생했는데, 그의 작은 수첩은 새롭고 독창적인 아이디어로 빼곡히 채워져 있었다고 한다. 그렇다면 변혁적 리더십을 실천했던 그의 삶 속에서 다가오는 4차 산업혁명 시대에 꼭 필요한 자질을 찾아볼 수 있지 않을까.

'우리나라 미래 번영을 책임질 국내 유수의 기업들이 새로운 혁신을 줄기차게 쏟아내고 있다', '청년들의 창업 경험이 자연스레 취업 스펙이나 이직의 요건이 돼버렸다', '사내 벤처 개수로 그 기업의 혁신 성도를 평가하는 지수가 개발됐다' 등 새로운 기업 환경과 사회 현상에 대해 수백 명의 내외신 기자들 앞에서 직접 브리핑하는 지도자가 있다면 바로 그 모습이 우리가 그토록 갈망하던 사회의 한 단면일지도 모르겠다. 이는 비단 현 정권의 성공적 국정 운영에 국한된 과제가 아니라 '나라다운 나라'를 주창한 촛불 정신의 진정한 실현을 의미하는 것이다. 이번 정부이건, 차기 정부이건 머지않아 우리 모두 목도하게 될 장면이자 지도자의 모습이기를 간절히 바란다.

- 매일경제 2019. 2. 14.

에필로그
이 책이 나오기까지

또 한 권의 책이 나왔다. 내게는 출간 자체가 특별한 의미가 있다. 흔히 하는 말이 아니라, 내 인생에서 중요한 시기를 맞을 때마다 책이 나왔기 때문이다. 첫 책 『아 유 레디?』는 아내가 첫 아이 하린이를 임신했을 때 출판을 계획했고, 아이가 태어났을 때 주어진 출산 휴가 중에 원고를 완성했다. 당시 이루 말로 표현할 수 없을 정도로 행복에 취해 책을 집필하던 기억이 지금도 생생하다.

세계적 출판사인 폴그레이브 맥밀런Palgrave Macmillan에서 낸 두 번째 책 『*The Political Economy of Neo-modernisation*(신근대화 정치경제론)』(2018)은 경제성장과 소득불평등, 그리고 기술혁신 간의 동학을 정치경제학적 관점에서 풀어낸 책이다. 영문으로 쓰다 보니 계획부터 출간까지 장장 2년이 걸렸다. 조금은 따분할 수도 있는 학술서적이지만 경제학이나 개발학, 정치경제학을 연구하는 사람들에게는 유익한 내용일 것이다. 이 책의 출간 제안서는 두 번째 출산 휴가 중 작성했다. 이번에는 남자 아이 유준이가 태어났다.

세 번째 출간한 이 책 『어떤 나라에 살고 있습니까』는 아내가 셋째 려림이를 출산한 후 머물던 병실에서 탈고했으니, 세 아이의 아버지가 되는 동안 세 권의 책을 세상에 함께 내놓은 셈이다. 이처럼 책 출간은 아내와 내가 꾸리는 우리 가정에 큰 변화를 가져왔고, 이제는 아이들을 행복하게 키워야 하는 축복이자 거대한 도전에 직면하게 됐다. 즉 이 다음을 생각해 볼 시점이라는 이야기다.

신문에 고정 칼럼을 연재하는 건 분명 매력적인 일이다. 정치, 사회, 경제, 국제, 과학, 기술 등 다방면에 걸쳐 대한민국의 기회와 도전 과제를 관찰하고 건설적 비판으로 조금이나마 조력할 수 있는 수 있는 기회이기 때문이다. 내가 유엔에서 맡고 있는 개발도상국의 지속가능한 발전을 위한 정책 개발도, 작게는 우리 가족의 생계 수단이지만 크게는 국제사회가 내게 부여한 소명이기도 하다.

흥미롭게도 일을 하다 보면 개도국이나 선진국 가릴 것 없이 정치, 경제, 사회 발전의 궤적이 반복된다는 것을 알 수 있다. 즉 과거부터 현재까지의 진보 과정을 되짚어보며 미래를 예측하듯, 개도국의 발전 동학을 분석할 때마다 우리 사회의 미래를 전망하게 된다. 또한 특정 분야에서 두각을 나타내는 개도국들을 마주할 때면 우리가 배워야 할 것들을 발견하곤 한다.

따라서 선진국 그룹인 OECD 통계만을 놓고 우리 경제의 현 상황을 비교하는 경제학자들의 분석이나 정치인들의 레토릭은 우리의 지속가능발전에 그리 이롭지 않을 수도 있다. 다시 말해 우리는 우리만의 길을 찾아야 한다. 그 길은 이 책에서 거듭 이야기한 대로, 불평등 극복과 국가의 지속가능발전 추구를 의미할 것이다. 내 아이들과 대한민국의 수많은 미래 인재들이 이런 세상에서 살 수 있도록 노력하는 것이 나의 임무이자 우리 모두의 책무라고 말한다면 너무 거창할까.

이 자리를 빌어 다할미디어 식구들을 비롯해 책이 나오기까지 함께 해준 모든 분들에게 고마움을 표한다. 우리 가족들에 대한 감사함은 이루 말할 수 없다. 외국에서 내 아이들이 태어날 때마다 한걸음에 달려와 아내와 손주들을 돌봐주신 어머님과 장모님. 소중한 우리 자식으로 태어나준 하린, 유준, 려림에게도 진심으로 고마운 마음을 전한다.

누구보다도, 내가 주말마다 집필을 핑계로 육아 전선에서 빠져나올 때도 최대한 웃으려 노력하고 격려해준, 내 평생의 하나뿐인 동반자 이유리 여사에게 이 책과 인세를 모두 바친다.